レクチャー
第一次世界大戦を考える

アフリカを活用する

フランス植民地からみた第一次世界大戦

Chikako Hirano
平野千果子

人文書院

「レクチャー　第一次世界大戦を考える」の刊行にあたって

京都大学人文科学研究所の共同研究班「第一次世界大戦の総合的研究に向けて」は、二〇〇七年四月にスタートした。以降、開戦一〇〇周年にあたる二〇一四年に最終的な成果を世に問うことを目標として、毎年二〇回前後のペースで研究会を積み重ねてきた（二〇一〇年四月には共同研究班の名称を「第一次世界大戦の総合的研究」へと改めた）。本シリーズは、広く一般の読者に対し、第一次世界大戦をめぐって問題化されるさまざまなテーマを平易に概説することを趣旨とするが、同時に、これまでの研究活動の成果報告としての性格を併せもつ。

本シリーズの執筆者はいずれも共同研究班の班員であり、また、その多くは京都大学の全学共通科目「第一次世界大戦と現代社会」が開講された際の講師である。「レクチャー」ということばを冠するのは、こうした経緯による。本シリーズが広く授業や演習に活用されることを、執筆者一同は期待している。

第一次世界大戦こそ私たちが生活している「現代世界」の基本的な枠組みをつくりだした出来事だったのではないか、依然として私たちは大量殺戮・破壊によって特徴づけられる「ポスト第一次世界大戦の世紀」を生きているのではないか――共同研究班において最も中心的な検討の対象となってきた仮説はこれである。本シリーズの各巻はいずれも、この仮説の当否を問うための材料を各々の切り口から提示するものである。

周知の通り、日本における第一次世界大戦研究の蓄積は乏しく、その世界史的なインパクトが充分に認識されているとはいいがたい。「第一次世界大戦を考える」ことを促すうえで有効な一助となることを願いつつ、ささやかな成果とはいえ、本シリーズを送り出したい。

もくじ

はじめに …… 7
1 植民地を通しての世界化 7
2 世界史の転換点 10
3 アフリカから考える 15

第1章 植民地の動員・戦争のなかの植民地 …… 21
1 戦場跡から 22
2 植民地からの兵士と労働者 25
3 フランスの兵制改革 32
4 植民地の征服——帝国を作ったのは何か 35
5 各地の事情 40
6 黒人兵を集める 46
7 黒人兵へのまなざし 52
8 ムリッド教団 57

第2章 「精神の征服」……63
1 ジョルジュ・アルディと『ある精神の征服』 64
2 アフリカ版二人の子どもの巡歴『ムサとジ＝グラ』 71
3 アフリカ人の手記『大いなる慈愛』 84
4 『わが家の見知らぬ人たち』から読み解くフランス－アフリカ関係 95

第3章 シトロエンのクルージング……105
1 アフリカの戦闘 106
2 植民地の重み 109
3 植民地の活用へ 114
4 輸送ルートと手段の開発 116
5 ルノーとシトロエン——大戦と車会社 120
6 「アフリカのルノー」 126
7 サハラからサハラ以南へ、そしてアジアへ 128
8 駱駝からシトロエンへ 134
9 フランスの「風景」として 140

おわりに …… 145
参考文献
あとがき
略年表

はじめに

1　植民地を通しての世界化

一九一四年八月四日午前四時、ドイツの巡洋艦ブレスラウが、フランス領アルジェリア東端の港ボーヌ（現アンナバ）への砲撃を開始した。ドイツのベルギー侵攻を受けて、イギリスとフランスが参戦を決定した、そのわずか後のことである。一四〇発ほどの砲弾を打つとブレスラウは立ち去った。その間、二〇分ほど。死者は一名。土木関係の従業員で、これがフランス側最初の戦死者となった。その一時間後には、今度は別の巡洋艦ゲッベンが、ボーヌのやや西に位置するフィリップヴィル（現スキクダ）を砲撃した。こちらは短い時間に放った砲弾は二〇発ほどだったものの、一六名の死者が出た。ドイツのフランスへの攻撃は、こうして植民地から始まった。

もっともアルジェリアがその後の戦闘で、主要な戦場となったわけではない。この日の砲撃の目的も明らかではなく、実質的な攻撃というよりは、植民地アルジェリアからの本国への兵員移送を妨げようとした、あるいは象徴的に砲弾を放ったにすぎない、などと考えられている。しかし後に第一次世界大戦と呼ばれるこの戦争には、世界に広がるフランス植民地のいずれもが、兵員や労働力の提供など、何らかの形で利用された。植民地からの戦闘の開始は、そうした状況を暗示するものだったようにも思えてくる。

本書はヨーロッパの植民地、なかでもフランス植民地を通して第一次世界大戦を再考しようとする試みである。この戦争をめぐっては、とりあえず以下のような見解にある程度の合意があるのではないだろうか。すなわち、ヨーロッパの主要参戦国を見るならば、一九世紀末からの国民国家の形成がおよそ完成し、総動員体制を敷くことができた[1]。そうして戦われた戦争は、世界史レベルでみるなら、現代史の出発点、あるいは世界史の転換点となった。ヨーロッパを発火点とする戦争が世界規模に拡大されたことが、世界の一体化を現出させ、国際関係のあり方を変えるからである。要点を抽出するならば、戦争の世界化と、世界史の転換点という二点になるだろう。

まず戦争の世界化については、大戦までの時期に世界は列強によって分割されていたが、他方で列強同士が被支配領域に対して利害を共有し、技術の進歩も相まって、世界が同じ原理で動くようになっていたことは指摘すべきだろう。

▼1 本書の課題ではないが、その「国民国家」がどれほど「均質」だったのかについて問い直されていることもまた、蛇足ながらつけ加えておく。

日本やアメリカなど、戦争に直接関係しなかった国々の参戦も、そうした原理のなかにある。さらに戦火が植民地にも広がったことは、戦争の世界化を別の側面から表すものである。

しかも戦場になったのは、基本的にドイツ領であった。この点には十分注意をしておきたい。ヨーロッパの争いが植民地に飛び火したこと自体は、何ら目新しいわけではない。第二次百年戦争と呼ばれる一八世紀のイギリスとフランスの戦争が、北米大陸やインドの植民地でも展開されたのはよく知られている。同世紀の末には、カリブ海のフランス領サン＝ドマングで起きた奴隷の蜂起、いわゆるハイチ革命と連動して、やはりヨーロッパから兵力が送られている。

しかし大航海時代以来、ドイツはそうした場には不在であった。第一次世界大戦でドイツ領が主要な戦場となったことは、ドイツが一九世紀に近代国家を建設する前後から、急速に世界に進出していた現実を顕著に示している。[2] 戦場となったドイツ領に改めて目を向けてみよう。それらは太平洋、アフリカ大陸、そして日本が狙った中国など、いずれも一九世紀に列強が手に入れようと争った新しい領域である。こうした点は、第一次世界大戦が帝国主義戦争の延長として戦われた側面を、くっきりと浮き立たせもする。

それに対してイギリスとフランスは、一九〇四年の英仏協商で歴史的な対立関係に終止符を打ち、今度は新興国ドイツを敵として、ヨーロッパの戦場で、また植民地で、共に戦った。さらに両国は、掌中にしている植民地を戦争協力

▼2　ジャック・フレモーは『大戦のなかの植民地』で、ロシアを考慮に入れていないが、ドイツ領は面積でイギリス、フランスに次ぐ規模、人口では五番目だと指摘している。

に動員して、ドイツと戦う戦場へと送り込んでいった。イギリスの場合は、そのドイツ領をめざして白人入植地である自治領▼も参戦したことが、さらに戦争を世界化させることにつながった。ある意味では新しくドイツ領となった領域に対して、英仏双方の旧来の植民地のみならず、新たな植民地であるアフリカなどが戦争に巻き込まれたのであり、まさに新旧いずれもの植民地がこの戦争に関わる結果となった。植民地を通しての戦争の世界化は、ドイツ領が戦場になったことと、新旧の植民地が戦争協力に加担した（あるいはさせられた）ことと、両面から理解すべきである点を、まずは記しておこう。

▼第一次世界大戦当時のイギリスの自治領は、カナダ、オーストラリア、ニュージーランド、南アフリカの四つ。

2　世界史の転換点

それでは第一次世界大戦が現代史の出発点、あるいは世界史の転換点とみなされていることについてはどうだろうか。こうした基本的な見方を否定するわけではもちろんないが、本書でフランスの植民地を通して考えてみたいのは、この側面についてである。

現代史の出発点、あるいは世界史の転換点といった評価には、世界の一体化が現出したことのみならず、国際体制の転換といった意味も含まれる。それには、ロシア帝国やハプスブルク帝国など、四つの帝国の崩壊、あるいは国際連盟の創設などがあげられる。加えてアメリカの台頭やソ連の成立などは、主戦場となったヨーロッパの没落と背中合わせのものでもある。もはやヨーロッパが世界の中心であるような時代は終わりとなる。思想の面でも、ソ連に体現された共産主義とイタリアから始まるファシズムは、二〇世紀を大きく特徴づけてもいく。

国際連盟の創設にも、新しい時代を画すものとしての意義づけを無視することはできない。周知のように連盟では、紛争の平和的解決、あるいは侵略への制裁という基本方針が定められた。その後一九二八年には、アメリカとフランスの主導で結ばれた不戦条約で、紛争の解決手段としての戦争が禁止された。それに代わる平和的解決の手続きが準備されていなかった点など、これらの体制の不備も十分に指摘されてきたが、少なくとも戦争の違法化に向けた道筋が作られたことは、第一次世界大戦という凄惨をきわめた戦争を経たのちの時代を象徴する動きでもある。

国際連盟との関連で、本書が関心を向ける植民地をめぐっても大きな変化があった。敗戦国の植民地は、ヨーロッパ列強や日本、あるいは別個に参戦したイギリスの自治領の間で分割されたが、直接的に植民地としてではなく、国際連盟の「委任統治領」という形態が生み出された。これは新しい時代を映すものと捉えられる。さらにその前提として何よりインパクトをもったのは、一九一八年一月に出されたウィルソンの「十四カ条」であろう。これには、「民族自決」の原則がうたわれていると認識され、戦間期において植民地のナショナリズムが昂揚する大きな契機として、長いこと位置づけられてきた。

こうした事情から、戦間期を植民地主義の「正当性」が失われた時代だとする立場もまた、広く共有されてきたのではないだろうか。ピータ・ドウスの「植民地なき帝国主義」という表現は、その種の見解を象徴している。近年では十四カ条から導かれる民族自決は、ヨーロッパについてだけであって、アジア・アフリカなどのいわゆる植民地は対象とされていなかったこと、あるいは民族自決という言葉自体が十四カ条そのものにはないのであり、こうした概念を十四カ条にのみ直結させる姿勢にそもそも問題があることなど、多角的に指摘されるようになった[1]。しかしそうした見直しが、第一次世界大戦を経た戦間期の植民地をめぐる捉え方を、根底から変えるわけではない。

一方で、そのような認識を念頭にフランスの植民地を取り巻く状況に目を移すと、やや異なる事態が展開しているのに気づかずにはいられない。というのはフランスでは、大戦までの帝国主義の時代には、むしろ海外拡張に反対の声が高かった。一八七〇～七一年の普仏戦争の敗北で、ドイツにアルザス・ロレーヌを奪われた現実は、その背景の一つにある。両州を奪還するためには、植民地拡張などに余計な力を注ぐよりは、実質的な国力をつける方が好ましいと考えられたという面もある。植民地拡張とは武力をともなうものであり、侵略する側にも人命の損失をもたらす。非効率に遠方の領域を囲い込むようなやり方に対する政界や経済界からの反対が、批判するものとしての「植民地主義」

▼1　ドウスはウィルソンが「十四カ条」演説で民族自決原則を唱えたことによって、その後の帝国主義の正当化が困難になったと記しているが、これは一般的な認識であろう。

という言葉を生み出したとも言われている。[2] 結果的には、国内の後ろ向きの声にもかかわらず植民地は拡張されたのであり、それは体制のイデオロギーに還元される問題ではなく、まさに当時の世界の原理に沿った国家の論理をも考慮しなければなるまい。

植民地をめぐる世論が変わるのは、第一次世界大戦を経た後である。敗戦国ドイツから領土を獲得したフランスの植民地帝国は、最大規模となった。戦間期にはこれを誇らしげに語る風潮が増し、植民地の存在が謳歌されるようになる。戦争に動員された植民地が、きわめて有効だったという宣伝も功を奏した。一九三一年にはパリで国際植民地博覧会が開かれ、高い評判を呼んだこともあって、この年はフランス植民地帝国の絶頂期とされた。当時、一部にみられた「反植民地主義」の主張も、大半がその手法への批判であって、植民地の領有自体への批判の声は、きわめて小さかったのが現実である。[3]

しかも研究が進むと、「帝国意識」が最高潮に達したのは一九三一年ではなく、第二次世界大戦の直後だという説が支持を得るようになる。四年にわたるナチス・ドイツの占領から解放されたフランスでは、失墜した威信回復のために植民地を改めて掌握することがめざされた。その最初の試みが一九四六年末に本格化したインドシナ戦争であるわけだが、世界に広がる植民地をフランス「再生」の足場にするという考えに、さしたる異論は起きなかったのである。[4]

「帝国意識」をめぐる議論はさておき、ドイツに敗北して占領されたという国

▼2 この言葉は初め、ベルギー出身の経済学者ギュスターヴ・ド＝モリナリ（一八一九～一九一二年）が批判するものを名指すために使ったとされる（一八九五年）。自由貿易を支持する立場の彼は、自由を阻害するものとして植民地主義、保護主義、社会主義、ナショナリズム、軍国主義などを批判の対象としてあげている。

▼3 植民地博覧会には延べ八〇〇万人が訪れた。反植民地主義の立場からは「反・博覧会」が開催されたが、入場者は五〇〇〇人だった。

▼4 拙著『フランス植民地主義と歴史認識』岩波書店、二〇一四年、第一、二章を参照。

家の一大事への処方箋は、第二次世界大戦を経てなお、海外植民地であった。

そのようなフランスの状況を目にすると、第一次世界大戦を契機に時代が転換したという語りには、小さからぬ違和感を覚えないではない。フランスなど、かつてのヨーロッパ「列強」はもはや世界の中心的存在ではなくなるが、そのことが帝国主義的世界のあり方まで変えたかと言えば、そうではあるまい。言葉を換えれば筆者のもつ違和感は、時代の転換が強調されるあまり、時代の価値観までもが転換したとする認識に立つ語りが目につくことに起因する。それは一面では正しい。たとえば日本が世界の趨勢に反して新たな領土に侵攻したことは、強く批判されてきたのであり、それを正当化するのは困難である。

とはいえ戦間期において、それまでに列強が手にしていた領域については、何ら問い直されたわけではない。フランスの場合を見ても、「もてる国」としての特権を享受していたという現実を軽視することはできないだろう。この時代にむしろ「大国」ではなくなっていくからこそ、植民地の存在を必要としたという面も考えられる。しかも戦間期の行為が国際社会に認められたか否かも、多分にその当事者を取り巻く情勢による▼。それからするなら、戦間期を植民地主義の「正当性」が失われた時代だとして語ることの妥当性が、やや希薄な感もするのである。

▼たとえばイタリアのエチオピア侵略（一九三六年に併合）に際して、フランスでは多くの知識人も、また世論も、これを支持した。

3 アフリカから考える

これまでも戦間期については、一方における時代の転換、他方における帝国主義支配の継続、という両面が指摘されてきているのは確かである。しかしこれらは厳密に分けて考えられるものではなく、時代の転換の根拠としてあげられる事柄自体に、継続する側面が読み取れる場合もある。たとえば四つの帝国の崩壊がそうである。第一次世界大戦を契機とするロシア帝国、ハプスブルク帝国、オスマン帝国、そしてドイツ帝国という四帝国の崩壊は、この戦争が時代の転換点となった指標として、しばしば言及される。

それぞれの意味について取り上げるのは、ここでの課題ではない。しかし、オスマン帝国とドイツ帝国の崩壊については、日本も含めた列強が植民地帝国を拡大するチャンスとなった点を、再認識すべきではないだろうか。そのための戦いでもあったのは、先に記した通りである。フランスの場合、アフリカではドイツ領だったトーゴとカメルーンをイギリスと分け合った。中東ではオスマン帝国の勢力下にあったシリアとレバノンを得た。結果として敗戦国の領域を戦勝国が手にしたことは、やはり戦争の帝国主義的性格を顕著に示している。

日本の事例に即してみれば、力による支配の継続・拡張は容易に見分けることができる。日清戦争、日露戦争、そして二つの世界大戦というのは、東アジアにおける日本の帝国主義的侵略、領土の拡張の歴史である。言うまでもなく、第一次世界大戦の後にもそうした姿勢が変わらなかったことが、批判されてきたわけである。それからするとフランスの場合は、領土の拡張そのものはもう必要としていなかった、あるいはもう終焉していたという状況であり、同じレベルで論じにくい面もあるだろう。しかし、帝国支配は継続され、また反乱がおきた地域に対しては軍による弾圧が続き、支配は強化された。

以上のような問題意識から本書では、植民地支配という視角に立って、第一次世界大戦の前後を通して連続する側面に焦点を当てて考えてみたい。大戦によってさらに領土を拡大したフランスが、「もてる国」としてその後の大恐慌に際しても有利な立場にあったことはよく知られているが、フランスはどのような認識をもって植民地に対処したのか、大戦期の状況からもう少し具体的に探る意味もあるのではないだろうか。

それに際してフランス植民地のなかでも、サハラ以南アフリカに注目する。西アフリカ沿岸部には、かつて奴隷積み出しの拠点があったために、ヨーロッパとの交流の歴史は長くなるが、面的支配という観点からすれば、アフリカは一九世紀末の帝国主義の時代に獲得された新たな植民地である。地理的にフランスの真南に位置するこの地は、広大で資源も豊富であり、戦間期になって本格的な開発・活用の対象とされるのである。

しかもフランス領の場合、サハラ以南アフリカはきわめて「親仏的」な様相が色濃い植民地として語られている。帝国主義時代の征服の過程では激しい抵抗も起きたが、そうした動きが抑圧されたことが、その後のフランス支配への対峙の仕方に影響した面もあると思われる。フランスの目には、とりわけアジアにおけるフランスへの抵抗が深刻に映ったようで、たとえば帝国主義時代に活躍した地理学者オネジム・ルクリュ*は、『アジアを放棄してアフリカを手に入れよう』という書物を一九〇四年に著している。征服にも支配の維持にも手間暇のかかる遠方のアジアよりは、身近で広大なアフリカを掌握すべきだとの立場である。その後の戦間期、アフリカとの協力関係を説いたジョルジュ・ヴァロワ*は「アジアを放棄してアフリカを守ろう」(一九三一年)と主張するにいたる。ヴァロワのような楽観的な見方の背後には、「親仏的」なアフリカの姿もある。

時代を下って脱植民地化のあり様を見ても、インドシナやアルジェリアでは独立戦争が長期にわたるが、その間もフランス政府はサハラ以南アフリカとは協力し、より緊密な関係すら築こうとした。独立を担ったこの地の指導者たちは、多少の差はあれ、多くがきわめて親仏的だったという事情もある。▼その背後には、米ソの冷戦や、反仏勢力に対する弾圧があったことも考慮すべきだが、サハラ以南アフリカからは、いわゆる支配-被支配関係の歴史が想起させるものとは、かなり異なる光景が見えてくるのもまた否定できない。こうした点を問題とするのは、第一次世界大戦を契機に植民地のナショナリズムが勃興した

オネジム・ルクリュ
一八三七〜一九一六年。植民地拡張で言語の普及をめざす立場に立った地理学者で、一九世紀末に「フランス語話者(francophonie)」や「フランス語圏(francophone)」という単語を案出したとされる。政治的にはパリ・コミューンを支持するなど明確に左派であった。

ジョルジュ・ヴァロワ
一八七八〜一九四五年。最初のフランス・ファシズムといわれるフェソー運動を率いた。

▼前掲拙著、第五、六章。

とすることがどの程度普遍的なのか、再考を迫るものでもある。

日本からは、アフリカは遠くて分かりにくい。しかしフランスからすれば、地中海の反対側に最重要の植民地アルジェリアがあり、さらに南下すればサハラ砂漠のさらに南に広大な領域が広がっている。二〇世紀のフランスにとってのアフリカの重要性には、もう少し注意深くあってよいのではないか。その地域が植民地時代から「親仏的」と捉えられてきたならば、それを改めて考える意味もあろう。またそうした地域を対象として、植民地支配という観点からみるならば、どれほど第一次世界大戦が転換点となったのか、相対的な視点を得られるとも思われる。

本書では、フランスがアフリカ植民地をさまざまに「活用」していく側面から考察してみたい。そこでまず、第一次世界大戦に際して世界に広がるフランス植民地がどのように関与していくのか、およその全体像を人員提供の面から整理する。これは大戦期におけるフランスの植民地帝国「活用」の一面である。その後はアフリカに焦点を絞り、戦争中のフランスがアフリカにいかに働きかけたのか、「精神の征服」という時代のキーワードを念頭に、大戦からその後の時期にかけて刊行された、いくつかの書物を通して考える。いわば「活用」の基礎固めとも言える側面である。最後に戦間期のフランスがアフリカをどのように「活用」しようとしたのかについて、政治・経済史的な側面よりも、社会・文化史的な観点から捉えるよう心がける。具体的には車会社シトロエンが行なったアフリカへの遠征を視野に入れる。これは植民地アフリカの内部を有機的につなぐという大戦期に生じた必要を母体に、数台の車を連ねてサハラ砂漠やアフリカ大陸を走破したものである。大衆の心をつかんだこの壮大な企画から、むしろ植民地へのまなざしを見て取れるのではないかと思う。そのような作業を通して、戦前から継続する側面を大づかみにできないだろうか。それが本書のめざすところである。

第1章 植民地の動員・戦争のなかの植民地

ヴァンセンヌの「熱帯農学庭園」にある黒人兵の碑（筆者撮影）（左）。
ダカール駅前のフランス兵とアフリカ兵を讃える碑。セネガル独立後に解体されたが、2004年にセネガル大統領が再建した。以後、毎年８月23日は狙撃兵の日として祝われている（Musée des Troupes de Marine.）（右）。

1　戦場跡から

しばらく前に、第一次世界大戦の戦場跡に立ってみようと思い立ち、フランス北東部のソンム県を訪れた。戦場跡専門のガイドであるシルヴェストル・ブレソン氏が、県内を車で案内してくれた。一九一六年に展開されたソンムの戦いは激戦だった。初めて戦車が使われたことでも知られている。戦争の記憶をとどめるために残されている、砲弾による巨大なくぼみや塹壕の一部、あるいは戦車部隊の碑など、戦争のさまざまな側面を浮かび上がらせる場が県内の随所にあった（図1）。

シルヴェストルによれば、二一世紀に入った今日でも不発弾が発見され、それによる死者も毎年出ているとのことである。遺骨もソンムだけで年二体ほど見つかるという。「もの」には最初の五〇年は地中にもぐり、その後の五〇年は地上に上がってくる周期があるのだそうだ。第一次世界大戦は、この地ではまだきわめて身近である。

ソンムは同じ年に行なわれたヴェルダンの戦いと並んで、膠着状態に陥った悲惨な戦争を想起させる名前となっている。いずれも多くの死者を出した苛酷な戦いだったが、フランスでは大戦の記憶を象徴するのはヴェルダンである。それはフランス兵の死者数が、圧倒的にヴェルダンの方が多かったからでもあ

図1　戦車部隊の碑
中央下部には、一九一六〜一八年に戦闘で落命した戦車部隊の将校や兵士の記憶のためにこの碑が建てられたと記されている。
（筆者撮影）

る。対してイギリス軍とともに戦ったソンムでは、イギリス兵の死者がフランス兵のそれを大きく上回っており（表1）▼、今日、戦場跡を訪れる人びとも、ソンムではイギリス本国をはじめ、カナダ、オーストラリア、南アフリカなど、イギリス帝国に連なる国からの訪問者が九割を占めるという。専門のガイドも、ソンムに住み着いたイギリス人がほとんどで、シルヴェストルは筆者が訪れた当時、唯一のフランス人ガイドであった。各国政府が維持している墓地はそれぞれ趣を異にして、歴史的背景を考えると興味深いものだったが、親族・子孫たちにはもっと異なる感慨を与えるに相違ない。

ソンム県ペロンヌには、ミッテラン大統領時代の一九九二年、ドイツとの協同で歴史博物館が開館した。独仏和解を象徴すべく創設されたもので、研究活動も盛んである。この展示場で筆者が最も印象づけられたのは、じつはアフリカ兵についての情報が豊富であることだった。多くの映像も残されていて、各自がディスプレイを操作して観賞できるような設備も整っていた。戦場跡に見られるアフリカ兵の痕跡は、フランス兵のものに混じって立ついくつかの墓碑ぐらいだったのに比べて、新しい博物館の展示は対照的で、小さな驚きもあった（図2）。

第一次世界大戦研究のなかで植民地が扱われるようになったのは、比較的新しい。アントワーヌ・プロとジェイ・ウィンターによる研究史『大戦を考える』（二〇〇四年）をみても、植民地を題名に掲げるものは、一九八〇年代ごろ

表1　戦闘における死者数とその割合

	総数	ドイツ	フランス	イギリス
ソンム	107万	39.2%	18.7%	42.1%
ヴェルダン	72万	47.2%	52.8%	—
シュマンデダム	16万	25%	75%	—

（ウィンター『兵士と市民の戦争』42頁より筆者作成。）

▼一九一六年七月一日だけでイギリス軍兵士は二万人が命を落とした。シルヴェストルによればソンム県だけで各国の墓地の数は、イギリスが四一〇、フランスは二〇、ドイツは一三である。

まではさほど多くなかった。植民地にはさして目が向けられないまま、一九七〇年代末までには外交や社会経済、あるいは日常生活のようなさまざまな面からの研究が進み、プロ自身が「一九七〇年代末には知るべきことはすべて明らかになり、第一次世界大戦研究は終わりに近づいたと思われた」と、後に率直に述べている。

　もちろん、植民地史研究そのものには蓄積があり、地域史ごとに第一次世界大戦期は研究対象となってきた。アルジェリア史を専門とするジルベール・メニエには、この戦争に焦点をあてた先駆的で浩瀚《こうかん》な研究もある。サハラ以南アフリカを手掛けるマルク・ミシェルも、アフリカ兵のことなどを早くからテーマにしている[1]。しかし、いわゆるフランス史研究において、第一次世界大戦をテーマに掲げるなかから植民地を包括してみるという方向性は、新しいことに属すと言ってよい。大戦研究は一九九〇年代以降、ペロンヌ歴史博物館の開館とともに、あるいは一九九一年の「サラィエヴォの再来[2]」とともに、新たな展開を見せるのだが、それと並行して植民地に関しても文献が急速に増えるようになった。一九八〇年代以降の、こうしたテーマに関する関心の高まりも背後にはあるだろう。

　ここでもそれらの先行研究によりながら、フランスが植民地を動員したなかで最も目に見える形で現れたものとして、まずは兵士と労働者という人員提供に焦点をあてることとする。

図2　ソンム県の墓地
キリスト教徒の墓に混じって、イスラーム教徒の墓がある。
（筆者撮影）

▼1　Gilbert Meynier, *L'Algérie révélée*, Paris, Droz, 1981; Marc Michel, *L'Appel à l'Afrique: contributions et réactions à l'effort de guerre en A. O. F.*, Paris, Publications de la Sorbonne, 1982. ミシェルはすでに一九七〇年代から個別論文を発表している。

2　植民地からの兵士と労働者

はじめに兵士だが、文献によって多少の相違はあるものの、総数では六〇万人前後という数字におよそ合意があるようだ。近年においても参照され続けているのは、アルベール・サロー*が著した『フランス植民地の活用』（一九二三年）に掲載された数字である。この書には後にも触れるが、サローは急進社会主義の議員で、一九一〇年代にインドシナ総督を、また戦後には植民地大臣や短期ながら首相も務めたことがあり、フランス植民地史では避けて通れない人物の一人である。サローは総司令部の資料から、植民地在住のフランス人四〇〇〇人を含め、植民地で集められた兵士の数を、五八万七四五〇人としている。

ここでは参考までに、より新しい数字として『大戦事典』（J＝J・ベケール他編、二〇〇四年）のものを掲げておく（表2）。圧倒的にアフリカ大陸からの兵士が多いことがわかる。加えて開戦の時点ですでに三万人ほどの黒人兵がいたので、サハラ以南からの兵士の総数はもう少し増える。逆に戦争の最後の年となった一九一八年に徴募された者たちは、ヨーロッパの戦線にまでは送られないまま終戦となったケースもあった。同事典によればヨーロッパに送られた兵士の数は、アルジェリア兵が一五万八〇〇〇人、サハラ以南アフリカからは一三万四〇〇〇人などとされている。ただし表2の数字が決定的なわけではな

▼2　一九九一年にユーゴスラヴィアで内戦が勃発したことは、第一次世界大戦前にバルカン半島が「ヨーロッパの火薬庫」と呼ばれていたことを、多くの人に想起させる結果となった。

アルベール・サロー
一八七二～一九六二年。植民地大臣在任中の一九二二年に設立された植民地科学アカデミーの創設メンバーに名を連ねている。

表2　植民地から動員された兵士

北アフリカ	294 000人
仏領西アフリカ（AOF）*	171 000人
インドシナ	49 000人
マダガスカル	41 000人
旧奴隷植民地	23 000人
仏領赤道アフリカ（AEF）**	18 000人
その他（太平洋、ソマリア）	11 000人
計	607 000人

*AOF構成地域はセネガル、仏領スーダン（マリ）、コートディヴォワール、ダホメ（ベナン）、オートヴォルタ（ブルキナファソ）、ニジェール、モーリタニア、ギニア。数字には特権的扱いとなったセネガル4都市の住民が含まれる。

**AEF構成地域はコンゴ、ガボン、ウバンギシャリ（中央アフカ）、チャド。

（Audoin-Rouzeau et Becker（dir.）, *Encyclopédie*, p. 341.）


い。旧奴隷植民地のように比較的少人数のところでも、三万八〇〇〇人という大きく異なる数字も一部にはある。『マルティニックと大戦』（二〇〇五年）を著したサビーヌ・アンドリヴォン＝ミルトンの言うように、資料によって数は異なるので、正確なところは把握できないのが現実なのではないか。▼1

ちなみに、第一次世界大戦に駆り出されたアフリカの黒人兵の数は、奴隷制の時代以来の大量動員だとする見方もある。奴隷貿易の統計表を見ると、フランス船籍で運ばれた奴隷の数が最大だったのは、一七七六～一八〇〇年の二五年間におよそ四三万三〇〇〇人（エルティス他『環大西洋奴隷貿易歴史地図』）。五年に換算すると八万六六〇〇人である。この数字は、第一次世界大戦の四年三カ月の間に動員された数を大きく下回っている。異なる時代の異なる状況を単純に比較できないとはいえ、この大戦への動員がいかに大規模だったのか、その一端はつかめるだろう。

▼1　サハラ以南アフリカからの兵士についても文献によって、一五万四一五五～一九万三三四九人の開きがある。

ではどれほどの犠牲が出たのだろうか。動員された者の数も厳密ではないので、死者・行方不明者についても見積もりには幅がある。サローは七万五五四二人としており、これに近い数字をあげる研究書もあるが、決定的なものとはならないようである。植民地出身者のなかでも黒人兵の死亡率は高かったとされ、たとえば一九一七年のシュマンデダムの戦い[2]のように、きわめて高い率で犠牲を出した戦闘もある。

犠牲者をめぐっては、英語圏の研究者であるジョー・ランがすでに、一九二〇年の官報に掲載された海軍の報告書から、フランス人とアフリカ人の犠牲者の割合を出している。その著作『大混乱の記憶』（一九九九年）によれば、開戦直後はフランス兵の率が高かったが、時間がたつとそれを代替するかのようにアフリカ兵の犠牲の割合が急速に高くなる。また、フランス人と黒人が同じ部隊に入れられたケースについて、これは戦術だとする主張があるが、ランは戦術ではなく、攻撃の第一波を黒人兵に担わせることで彼らを「砲弾の盾」にしたのだと結論している。

しかし近年のフランスでは、著名な歴史家の異なる見解がみられる。まずマルク・ミシェルは『アフリカ人と大戦』（二〇〇三年）で、アフリカ人のおよそ五人に一人が犠牲になったと見積もって（二一・六―二二・四%）、全体としてみれば黒人の方が白人より犠牲になったとは言えないとする。同じ歩兵で比べれば同じだというのである。また黒人が砲弾の盾にされたというのは、ミシェ

▼2　表1（二三頁）にあるように、ソンムやヴェルダンに比べると死者数としては小さいが、これは一九一七年春に一〇〇万の兵を投入しながら一五日で一〇万の死傷者を出したもので、苛酷な戦闘であった。ソンムやヴェルダンを生き延びた兵士たちがばたばたと倒れたと言われる。

ルは「伝説」だと強く否定している。

『大戦のなかの植民地』(二〇〇六年)を著したジャック・フレモーは、黒人兵だけでなく植民地出身者全体を対象に、死者・行方不明者の割合を、歩兵は二九%、騎兵と砲兵は一〇%としている。植民地出身兵は圧倒的に歩兵だったが、ミシェルと同様、歩兵としてみればフランス人も植民地出身者も犠牲の割合は等しいという。また手本を示すためヨーロッパ系指導者が攻撃の前衛にいることが多かったので、植民地出身者をより多くの危険にさらしたことに否定的である。だからといってフランス人読者が植民地出身者の価値を過小評価することのないよう、戒めてもいる。ミシェルもフレモーも、一九八〇年代までの見解に従う立場であるが、このようなフランス人研究者の姿勢は研究の進む今日、むしろ興味深いことにも思われる。▼1

時代は飛ぶが、一九九〇年代末に、不法滞在とみなされたおもにアフリカ系の人びとがパリの教会を占拠するなどして、抗議を表明したことがある。サンパピエ(身分証をもたない)と自発的に名乗った彼らは『サンパピエ讃歌』を作った。そのなかで、自分たちは「退役軍人の子」であり「フランスの植民地主義の産物」だとし、両大戦のときにフランス人歩兵は後衛にいたが、「アフリカ兵は前衛にいた」と歌っている。それなのに数十年を経て、自分たちは不法滞在者扱いをされて見下され、フランスを追放されようとしているという皮肉を込めた歌である。少なくともここからは、アフリカ系の人びとの間では、戦

▼1 ただしフレモーも述べているように、兵士は戦場だけでなく、病気やけが、あるいは異なる気候により、戦闘以外の場で命を落とした場合もある。それらも包括的に視野に入れる必要があるのは言うまでもない。ちなみにフランス兵の死者・行方不明者数は、ペロンヌの資料によれば一三二万七〇〇〇人、ミシェルは一三九万四九人という数字をあげている。

表３　植民地および中国からの労働者の数　（単位　人）

出身地	1915	1916	1917	1918	1919	計
アルジェリア	―	28,896	26,996	19,972	―	75,864
チュニジア	―	4,822	8,799	4,917	―	18,538
モロッコ	―	2,366	14,922	17,722	―	35,010
インドシナ	4,631	26,098	11,719	5,806	727	48,981
マダガスカル	―	910	3,261	1,363	1	5,535
計	4,631	63,092	65,697	49,780	728	183,928
中国	―	5,947	18,004	12,789	―	36,740
総計	4,631	69,039	83,701	62,569	728	220,668

（Sarraut, *La mise en valeur des colonies françaises*, p. 43.）

争に駆り出された父祖たちが前衛に配置され、弾除けにされたという記憶が語り継がれていることが読み取れよう[2]。

それでは労働者はどうだろうか。どこから何人の労働者が集められたか、という数字を特定するのは、じつは兵士以上に困難である。これも従来はサローの数字が引用されてきた（表３）。この表では、一の位まで細かい数字が出されており、あたかも整然と統計がとられたかのように見える。フレモーも前出の著作で、この表を転載している。しかしサローの数字は、一九一六年九月に設置された植民地出身労働者編成局（ＳＯＴＣ）[3]のもとで集められた者たちであって、実際はこうした行政手続きを経ずに自由にリクルートされた場合もあった。それらを合わせて、総数をおよそ三一万人とする文献もある。ただし、これについてジルベール・メニエは『フランス植民地史』

[2] アフリカ兵には「狙撃兵（tirailleur）」という言葉が使われる。この「狙撃する」という動詞には「やみくもに撃つ」の他に、敵軍を前に個々ばらばらに銃を撃ちながら前進するという意味もある。字義どおりに取れば、まさにアフリカ兵たちは攻撃の第一波を担ってフランス兵の盾になったとも考えられる。

[3] Service d'organisation des travailleurs coloniaux.

（一九九〇年）のなかで、二重に計算されている者たちがある可能性を指摘している。

その他にも労働者については、近年さまざまな数字がある。もっと少なかったとする説もあれば、一九一八年七月に六〇万の「原住民」がフランスで働いていた、という議員の発言を引用するものもある。開戦当時すでにフランスで働いていた者もある上、異なる経緯で本国に来た者が労働者となったケースもあり、総数は自明ではないことをここでは記しておく。

労働者でもう一つ注意すべきは、中国人の存在である。連合国側が労働力を欠いていたことがあるとはいえ、直接的な脅威となった日本を前に、中国自身がヨーロッパの連合国との外交関係の強化を図るため、労働力の提供に前向きだった。▼1 中国は植民地ではなかったにもかかわらず、渡仏した労働者は植民地の労働者を担当する前出のＳＯＴＣが管轄した。さらに一九一七年四月二一日に出された『外国人労働者』の特別身分証の創設に関する政令《デクレ》では、第一条で「中国人労働者は非軍事の植民地出身労働者と同等に扱う（assimiler）」とされている。その根拠を示す文書があるわけではないようで、たとえばサローは「植民地からの労働者の統計に中国人労働者を含めるのは誤りである」とわざわざ注を付している。だがこうした扱いは、当然のこととして事態は進められたようである▼2（図３）。

加えて表３の数字はＳＯＴＣの管轄下にあった中国人労働者の数で、この他

▼1　中国は中立を宣言していたので、私人同士の契約の形で一九一六年六月にフランスと合意となった。

▼2　外国人労働者を統括した部署では、おもにヨーロッパ人労働者を対象とした(Service de la main d'oeuvre étrangère)。ただし中国人労働者が「原住民」と呼ばれることはなく、「異国の(exotique)労働者」まれには「外国人労働者」が使われていたという。

図３　中国人労働者の墓　逝去の日は一九一八年一二月五日と記されている。（筆者撮影）

にイギリス軍が雇用してフランスに送られた者が九万五〇〇〇人近くいた。近年ではフランスで活躍する中国系研究者のリ・マなどによって、彼らを合わせてフランスに送られたのは一四万、またロシアへは二〇万と、大きな数字が紹介されるようになった（『第一次世界大戦期のフランスにおける中国人労働者』二〇一二年）。ただＳＯＴＣが集めた労働者のうち一万人ほどはアメリカ軍の管轄下に移されたし、イギリス軍が雇用した者すべてがフランスに来たわけでもない。フランスで労働に従事した実数を確定することが難しいのは、中国人労働者についても同じである。

彼らは植民地出身者扱いだったが、同様の作業に割り振られたときばかりではなく、たとえばインドシナ出身者とは一緒にしないよう行政側の配慮がなされた。契約では戦闘には従事しないとなっていたが、前線で塹壕掘りや砲弾運びなどの任を担うこともあった。中国が一九一七年八月に連合国側で参戦すると、連合国の勝利のためにさらなる労働が促されはしたが、労働者をめぐる状況を大きく変えるものではなかった。

ところでこの労働者の表には、サハラ以南アフリカ出身者もカリブ海出身者も、記載がないことに気づかれただろうか。マダガスカルを例外として、アフリカやカリブ海の「黒人」は基本的には兵士としてのみ、この戦争に駆り出されたのである。彼らがどのように捉えられていたのか、およそ示されているのではないか。

3　フランスの兵制改革

それではフランスはなぜ、これほどの人員を植民地から調達しなければならなかったのだろうか。戦場は広汎に広がり、また長期化したこともあって、イギリスも帝国の自治領や植民地から人員を集めている。たとえば最大の植民地インドから動員されたのは通算で一二七万人にのぼり、うち八二万七〇〇〇人が兵士であった。なかにはフランスの戦場に送られてきた者たちもあった。[1] フランスだけがこのような状況に迫られたわけではない。

それでも強国ドイツに隣接するフランスには、従来から兵員不足への懸念が高かった。何よりもフランスは少子化が早く、一九世紀の一世紀間で、イギリスにもドイツにも総人口で抜かれていたことがある。[2] 一九世紀半ばには、すでに近隣諸国からの労働力が必要とされたのは、今では知られているのではないか。人口の停滞に悩むなかで、第三共和政下では兵制改革が進められた。戦争が国家の当然の権利であった時代、人口は国力、すなわち兵力に直結するものでもあった。普仏戦争（一八七〇〜七一年）の敗北後には、兵制改革の必要性が従来にもまして認識されるのである。

当時のフランスの兵役は、根本的にきわめて不平等な制度であった。フランス革命で「国民」軍が組織されたとはいえ、二〇歳以上の男子の一部のみが五

▼1　フランスに送られたインド兵は、全体の一三％で、大半は中東の戦場に送られた。筆者が訪れたソンム県にはインド兵の墓もあった。

▼2　一九世紀の一世紀間にフランスでは二八二〇万人から四〇七〇万人に増加したのに対し、イギリスでは一六〇〇万人から四一五〇万人に、ドイツは二三〇〇万人から五六四〇万人にそれぞれ増えた。

〜七年という長期の兵役を担うことで、財政的にも効率的な運営がめざされていたのが実態である。兵役につく者を決めるくじ引きもあったが、一定額を納入すれば免除される仕組みもあった。普仏戦争後の一八七二年、第三共和政期の最初の法改正にあたっては予備役の制度が導入され、潜在的な兵士の数の増加が盛り込まれた。その一方で、免除金制度は残ったし、兵役期間はくじ引きにより五年の者と一年の者が混在した。続く一八八九年の法改正ではそれが三年に統一され、また兵役の対象者も広げられたが、くじ引きにより一年でよいケース、あるいは家族や職業上の事由での免除や軽減の措置は残された。

大きな転機となったのが、一九〇五年の法である（三月二一日）。この改革ではくじ引きも廃止され、二〇歳の男子全員が、兵役に適するかどうか検討の対象となることになった。免除者は身体的事由に該当する場合のみとされ、平等と普遍を旨とする国民皆兵の基礎がようやく作られたのである。兵役期間は二年に短縮されたが、それでもすでに導入されていた予備役の制度と合わせて、潜在的兵力の増加につながった。▼3 兵役は免除金を払えない「貧乏人」がするものだという認識は、こうして根底から変わっていく。

国民皆兵をめざした兵制改革のなかからは、軍が兵役によって市民を作り育てるというイメージも流布されるようになった。大尉ヴィクトル・デュリュイ*は、次のように書いている。「軍はもはや別個の世界ではない。なぜなら軍は、自らの防衛のために武装する国民、そのものだからだ」（『パリ誌』一九〇六年六

▼3　フランスの兵役は、一九一三年八月に再び三年に延長された（本書四三頁を参照）。

ヴィクトル・デュリュイ　一八七四〜一九一四年。フランス教育史に名を残す父と同名。

月)。市民を作る学校としての軍隊というイメージは、こうして軍制改革のなかからも生み出されていくのである。

ただし兵制が整備されても、政府・軍首脳部の一致した見解は、それでも兵士が足りないということだった。この最後の兵役法が成立したのと同じ一九〇五年三月には、第一次モロッコ事件*が起きた。ドイツ皇帝ヴィルヘルム二世がモロッコのタンジールに上陸し、スルタンに会見したという有名な事件である。結果的にはフランスは、これを機にモロッコへの実質的な足がかりを得るのだが、アルザス・ロレーヌなど、ドイツとの間に対立の火種を抱えるフランスにとっては、この事件はその直接対決を現実のものとして想定させる契機となった。当然のことながら、軍備を整える必要性はより明確に認識された。

続いてモロッコ南部でベルベル人の反乱が起きた。これを鎮圧するフランスに対抗して、一九一一年には再びドイツが軍艦を派遣した。第二次モロッコ事件*である。ベルベル人の鎮圧に、フランスはアフリカの黒人兵を投入したのだが、すでにモロッコ制圧の過程で一九〇八年からアフリカ兵はモロッコに送られていた。総数は一万七〇〇〇人に上る。当初から直接ドイツに向けてのものでなかったとはいえ、モロッコ事件は実質的にドイツと対峙する場となっただけに、この地における黒人兵の登用は、将来的にサハラ以南アフリカの人びとをヨーロッパ諸国間の戦争に登用する可能性を、垣間見させたと言える。

ちなみに第二次モロッコ事件の結果、フランスはモロッコを保護領化する見

第一次モロッコ事件 前年に結ばれた英仏協商で、フランスのモロッコへの優先権が認められたことに、ドイツ皇帝ヴィルヘルム二世が反発し、モロッコのスルタンと直接会見してモロッコの独立を支持する立場を表明した。しかし一九〇六年のアルヘシラス国際会議でドイツは支持を得られず、フランスのモロッコ進出に道が開かれた。

第二次モロッコ事件 フランスが反乱鎮圧のために軍隊を投入したのに対し、ドイツは居留民を保護する名目でアガディール港に軍艦を派遣した。しかしイギリスがフランス側に立ったためドイツは再び譲歩を余儀なくされ、フランスとスペインによるモロッコの保護領化が決まった。

返りとしてドイツに仏領赤道アフリカの一部を割譲し、それはドイツ領カメルーンに編入されることとなった。第一次世界大戦勃発後には、この地も戦場となるのである（本書第3章第1節参照）。

4　植民地の征服——帝国を作ったのは何か

第二次モロッコ事件に黒人兵が派遣された歴史的背景はどのようなものだったのか、次にその点をみておこう。アフリカの黒人を兵士にすることについては、後に将軍となるシャルル・マンジャン*（図4）が一九一〇年に刊行した『黒い戦力』を避けては通れない。一八六六年生まれのマンジャンは、サン・シール陸軍士官学校の出身で、アフリカを経めぐった軍人である。その征服や平定の過程で多くのアフリカ人が兵士として使われた。マンジャンはそうした自身の体験をもとに、黒人兵を登用することをテーマに論文をものしてきたが、それを一書にまとめたものである。▼

マンジャンが記すように、事実、ヨーロッパ列強が海外進出を図った帝国主義の時代において、征服の戦いに参加したのは多くが植民地で調達された人びとであった。ヨーロッパ列強が大西洋を隔てたアメリカ大陸に進出を始めた当初から、現地の協力なくして影響力を確保、維持することが不可能だったことは、これまでも語られてきた。およそヨーロッパによる植民地征服は、現地人

シャルル・マンジャン　一八六六～一九二五年。サン＝シール陸軍士官学校を修了し、軍人としてサハラ以南アフリカ、トンキン、モロッコ、そして第一次世界大戦後にはカリブ海や南米にも遠征に赴いており、植民地を舞台に活躍した帝国主義時代を代表する軍人である。

図4　マンジャン
(Antier-Renaud, *Les soldats des colonies*, p. 24.)

▼マンジャンは『黒い戦力（*La force noire*）』を刊行する前年に同じ主張の論文《Les troupes noires》（黒い部隊）を発表している。

と共に戦いとった歴史であり、いかに彼らを味方につけるかは重要だった。

　近年、そのような状況を総合する研究が刊行されているので、まずは一言紹介しておきたい。その書、ジャック・フレモーの『帝国は何によって作られたか』（二〇一〇年）は、アメリカ、ロシアを含めた欧米の列強一〇カ国を対象に、一八三〇年[▼1]から第一次世界大戦の間に、どのように征服戦争が遂行されたかを述べた浩瀚な書物である。それによればすべての列強が例外なく、数の多寡はあれ、現地の人びとを兵士として、あるいは運搬業務などを担う補助要員に登用した。フレモーの著書は一九世紀に焦点をあてて、各国がどのように植民地の人びとを使ったのか、比較参照しつつまとめられている。そこには「インドは自身によって征服された」というイギリスのシーリー[*]の言葉が引用されているが、近代の植民地帝国がどのように形成されたかを象徴する表現であろう。植民地化を進める現場は、抵抗を打ち破って征服が進められたという物語にのみ還元されるわけではない。

　フレモーに依拠して少しフランスの場合をまとめておくと、一八三〇年からのアルジェリア、一九世紀半ばのインドシナ、そして世紀末のアフリカと、いずれにおいても現地人とともに、フランスは戦いを進めた。反乱を誘発する、あるいは現地の労働力が不足するといった危惧の声もあったが、こうした手法が放棄されることはなく、むしろ体系化が進められた。たとえばインドシナでは、南部コーチシナで民兵が一八五八年に組織化され、その後は中部のアンナ

▼1　一八三〇年は、フランスが最重要の植民地となるアルジェリアに派兵した年で、近代フランスの植民地帝国建設の第一歩と位置づけられる。フランス植民地史においては一つの区切りとされる年である。

ジョン・ロバート・シーリー　一八三四～九五年。ケンブリッジ大学の歴史家。代表作に『英国膨張史』がある。

ン、北部のトンキンにそれぞれ狙撃兵の部隊が作られていった。一九一四年には在インドシナ兵二万三〇〇〇人のうち、現地人は一万三〇〇〇人と半数を超えた。

本書で焦点を当てるアフリカでは、奴隷貿易の時代からフランスが拠点としていたセネガルで、一八五七年に現地人部隊が組織された。当時の総督ルイ＝レオン・フェデルブ*の主導のもと、それまでも軍事の場で使われていた者たちを編入して常設の独立した部隊を設置したもので、「セネガル狙撃兵部隊(Bataillon des tirailleurs sénégalais)」▼2として知られるものである。フレモーは、背景に一八四八年の奴隷制廃止を指摘する。それまで兵士となっていたのは奴隷身分の者が大半で、奴隷制の廃止後には脱走が相次いだ。そのため恒常的な戦力を確保するために、制服を支給し給与も支払う体系立ったものにすることで、「志願兵」を集めようとしたのだという。その後は、各地で集められた者たちも、アフリカ兵はみな「セネガル狙撃兵」と称される「伝統」となった。本書でもこの表現を使うときは、セネガル出身でない兵士も含まれるものとする。一八八四年には最初の正規の連隊が組織されるなど徐々に整備も進み、一八五七年に五〇〇人だった人数は、一九一四年には一万五〇〇〇人まで膨らんだ。

征服の過程で、アフリカ兵のみの部隊が編成されることもあった。たとえば一八九六年七月から二年をかけて、フランス領コンゴからナイル川まで七五〇〇キロにわたるアフリカ横断を敢行した部隊は、一八九八年にファショダ事件*

ルイ＝レオン・フェデルブ　一八一八～八九年。一八五四～六一年、および一八六三～六五年に総督の任にあり、植民地セネガルの基礎を築いたとされる。

▼2　「狙撃兵(tirailleur)」を「歩兵」と訳す研究書もあるが、ここではフランス人歩兵と区別する意味もあり「狙撃兵」を使う。本章第2節二九頁を参照。

ファショダ事件　フランス領コンゴからフランス領ソマリアへという、アフリカ大陸横断政策をとったフランスは、ナイル川上流のファショダ(現スーダン、コドク)に到達したが、同縦断政策をとるイギリス軍に追いつかれ、ドレフュス事件の渦中にあったフランスが外相デルカセの命で譲歩して、戦争は回避された。

に遭遇するのだが、フランス人将校と下士官それぞれ数名の他は、全員セネガル狙撃兵という構成であった。マンジャンは『黒い戦力』でその数を九九人と記しているが▼、マンジャンはまさにこのアフリカ横断に参加した将校の一人であった。この遠征では、二年にわたる厳しい行軍にもかかわらず、六人が病死しただけで、これは駐屯地と同じ死亡率だという。アフリカ兵が頑健であるというのはステレオタイプの見方だが、黒人兵登用の有力な根拠としてマンジャンは自著で力説している。

そこで改めてマンジャンの著作に戻ることにしよう。マンジャンは、アフリカの境界地帯における戦闘、あるいはモーリタニア、コートディヴォワールやチャド、等々の戦闘において、黒人兵がいかに優れた能力を発揮したかを強調する。マンジャンによれば、黒人は単に好戦的なのではなく、まさに軍人として戦いに秀でている。なぜなら黒人には、古代エジプトの時代から戦闘に従事してきた長い経験があり、その結果として戦士としての高い質が培われたからだ。規律を守り、耐久力があり、長い戦闘でも粘り強く、また自発性に富む。しかも彼らはフランスに対して「絶対的な愛着」をもつ。それゆえ脱走も希で、信頼できるとマンジャンは賞讃する。アフリカの人的資源は十分だとして、戦士に徴募しても経済発展は損なわれないこと、年七五〇〇人ほどが動員可能なことなども説かれている。

マンジャンは、アルジェリアなど北アフリカのフランス人兵士、およびアル

▼図5（四〇頁）の右側には、フランス人将校八人と下士官七人に加え、セネガル狙撃兵一五二人が参加したと刻まれている。またセネガル狙撃兵の数についてフレモーは『何が帝国を作ったか』で一五〇人と記している。

ジェリア兵を本国に移送し、その代替として黒人兵を北アフリカに送り込むと記している。他方で、現実に戦争になった際、すなわちドイツと開戦になった際には、四万の黒人兵と一〇万のアラブ人兵で敵に衝撃を与え、開戦の三週間後には決定的な勝利を得られるだろうと楽観的に述べている。マンジャンの主張には数字のつじつまが合わないなど、ちぐはぐな点もあるものの、アフリカに潜在的兵士が大量にいるという主張は一貫している。

西アフリカに遠征し、後にマダガスカルを平定するジョゼフ・ガリエニ*、最初に黒人のみの部隊を率いたルイ・アルシナール*、アフリカ横断を敢行しファショダに遭遇したジャン＝バティスト・マルシャン*（図5）など、マンジャンは植民地で名をあげた多くの将校に言及するが、全員がアフリカ人を積極的に登用し戦いをともにした。シーリーに倣って、フランス領アフリカは自らを征服したと言えるだろうか。これら高位の軍人たちは、マンジャンの提案に大きく賛同するのである。

ただし黒人兵を組織するという考えが、フランス本国で容易に受け入れられたわけではない。出生率が低いからといって黒人に助けを求めることへの批判、あるいは黒人兵をアルジェリアに移送すれば、アラブ人にフランスの「弱さ」が暴露されるなど、論点は様々だった。いずれは本国にも黒人兵を展開するのか、その際、人種の混淆は起こらないのかといった懸念も表明された。黒人部隊の編成は、最終的にはそれをドイツに向けるものと考えられ、当の隣国ドイ

ジョゼフ・ガリエニ
一八四九～一九一六年。一八九六年にマダガスカルに赴き、七〇〇〇人の部隊と現地で集めた兵員で、五分の四が反乱を起こしていたというこの島を平定した。一九一五年にアリスティド・ブリアン内閣で陸軍大臣になるが、ジョゼフ・ジョッフルなど軍指導部を批判して辞任し、間もなく病没。「マルヌのタクシー」の発案者である（本書第3章第3節参照）。

ルイ・アルシナール
一八五〇～一九三二年。理工科学校出身で、植民地を経めぐった軍人の一人。

ジャン＝バティスト・マルシャン
一八六三～一九三四年。一九〇〇年に中国で義和団事件が起きると、この鎮圧にも加わった。

ツでは、このような企図は白人のドイツ人に対して黒人兵やアルジェリア兵を仕向けるものだと、さらに強い反発を呼んだ。マンジャンの書が刊行された翌年の第二次モロッコ事件で、ドイツが現実にモロッコに派遣されていた黒人兵を目にしたはずであるのは、前節で述べた通りである。

図5　マルシャンのアフリカ横断遠征の碑
ヴァンセンヌの森の入り口に設営されている。（筆者撮影）

5　各地の事情

一九一四年八月、戦争が始まると、フランスの政府・軍の首脳部は兵員不足のため、植民地の兵士を実際にヨーロッパの戦線にまで連れ出すべく兵員集めを開始する。そのおよその数は本章第1節ですでに示している。開戦に際して、たとえばアルジェリアでは現地のアラブ人に対し、文明に危機が迫っているとし、ドイツの卑劣さが強調されて勇気と忠誠が呼びかけられた。「フランスの文明を守り卑劣なドイツと戦う」ことに、植民地の人びとは大きく巻き込まれていく。

それでは植民地はどのように第一次世界大戦に関与したのだろうか。具体的状況は植民地ごとに異なるが、全体像をおおまかに把握していこう。

まず植民地の兵士は、志願が基本とされていた。しかし多くの場合、人員は集まらなかったので、強制的な手法もとられた。最大の植民地アルジェリアのように、現地人に対して部分的な徴兵制が敷かれたところもある。一九〇九年に志願兵を増やす法案が可決されたが、十分に集まらなかったために、一九一二年に徴兵制の導入となったものである。アルジェリアは植民地のなかで最も多く兵士と労働者を提供することになった。[1]

兵士の調達に際し、反乱が起きた植民地もあった。フランス植民地帝国を一瞥すると、北アフリカ、仏領西アフリカ、マダガスカル、インドシナと、兵士が徴募されたほぼすべての地域で反乱は起きている。[2] また植民地が戦争協力をすることに対する見返りが、初めから明確に決められていたわけではない。戦争が予想に反して長期化し、植民地からの動員を増やす必要が生じるなかで提案されていった面がある。それには各地の反乱も考慮された。提示されたのは、賞与などの報酬の優遇であったり、地域によっては人頭税の免除、除隊後の仕事の保障、あるいはフランス市民権の付与などであった。結果として植民地にとって戦争は、支配を見直す契機となったというよりも、当面、現状を改善させる一つの手段と捉えられたと言うことができる。

そうしたなかで、フランス植民地のなかでは次の二つの地域が特徴的に思われる。後にアフリカの例をみるにあたり、まずはそれらを概観しておきたい。第一に、自ら徴兵制の導入を望んだ旧奴隷植民地である。その一例として、先にも引いた『マルティニックと大戦』を手がかりに、カリブ海の地域で最も多くの兵士を送ったマルティニックに目を向けてみよう。[3]

カリブ海やインド洋レユニオン島で、黒人奴隷制が最終的に廃止されたのは

▼1　徴兵は対象人口の一～二％以内とされた。兵士の得た勲章が最も多かったのも、植民地のなかではアルジェリアだった。

▼2　後に取り上げるニューカレドニアでも反乱はあったが、おもに土地問題に起因するものである。

▼3　旧奴隷植民地には、マルティニックの他、同じくカリブ海のグアドループ、南米のギアナ、インド洋のレユニオン島の計四つがある。

一八四八年、二月革命の後に成立した第二共和政政府のときである。それと同時に解放された奴隷たちは「市民」とされたが、本国のような市民権は与えられず、参政権を得たにとどまった。[1] 国政の場に選出された議員たちは、十全の市民権を獲得すべく運動を進めていく。言うまでもなく「市民権」とは権利だけではなく義務も伴うものである。この地の指導者たちは義務をも担うことで、二分の一市民や、四分の一市民ではない、「完全な市民」になる道をめざすのである。兵役の義務化は、その主要な目標の一つと位置づけられた。

前述のように、フランスにおいて兵役は「貧乏人」がするものだと長らく考えられていた。しかし旧奴隷植民地の指導者たちは、平等と普遍を旨とする一九〇五年の法を待たずに兵役の導入を要求していく。そもそも一八四八年の奴隷制廃止に際して、元奴隷たちに兵役を適用する案があったのだが、それに反対したのは元奴隷所有者たちであった。旧奴隷植民地ではいずこでも、支配層である元奴隷主の白人と、不完全な市民としての元奴隷の間で社会は大きく二分されており、白人の間では、元奴隷たちが兵役につくと労働力の不足が懸念されるうえに、彼らに武器をもたせるのは危険だという認識が強かったためである。兵役を担おうとする黒人に対して、白人たちが反対するという構図は、一八七〇年代にこの地に兵役をという運動が本格化してからも、基本的に変わらない。[2]

そうであるなら、少なくともこの地の黒人たちを戦争に駆り出すという行為

▼1　実際に投票した者は少なく、インド洋のレユニオン島では白人が投票を阻止し、最初の選挙があった一八四九年には元奴隷たちの投票率は一八％にとどまった。

▼2　一八五二年に成立した第二帝政で、植民地の参政権は停止されたが、一八七〇年成立の第三共和政期に復活され、旧奴隷植民地の権利獲得の運動は本格化した。

が、何ら正当化の理屈を必要としていないことにも思いいたるだろう。先にデュリュイの言葉をひいたが、その意味をもっと早い時期からわがこととして、この地の指導者は進めていたと言えようか。

議会での論争を経て、ようやく旧奴隷植民地に兵役が導入されたのは一九一三年。この年、本国で兵役を三年に延長する法が成立し、それが適用されたものである。兵役で本国に出発する者たちは、ようやく望んでいた権利を手にして、歓呼のなかを送り出された。翌年に開戦になると、改めてフランスという「祖国」のための戦いに出かける兵士たちが集められ、盛大な壮行会が催されるなど、祝賀ムードも高まった。

もっとも「祖国」の理想はどうあれ、現実は戦争である。しかも戦場は遠く寒冷なヨーロッパであった。▼3 戦争が短期で終わらず悲惨な情報がもたらされるようになると、マルティニックでは戦場への出発を嫌がる者が顕著になっていく。出征は独身者が優先されたので、一九一五年には結婚したり子どもの認知をしたりする者がにわかに増えた。しかも当地の白人たちの間では、総督や医師など有力者のつてを頼って兵役免除となる者が多くあり、それは当然のことながら黒人層の反感を呼んだ。なかにはそうした事態への抗議の手紙を、本国の植民地大臣宛にしたためた者もいる。

このような状況からは、植民地の上層部が、本国への「同化」を進めるため戦争協力の姿勢を示そうとしたものの、他方で実際に兵士となる者たちが率先

▼3　出征兵士の多くは一九一五年二月に始まるダーダネルスの戦いに投入された。これはフランスから七万九〇〇〇人が送られ（うちアフリカ兵も含めて植民地兵は三万五〇〇〇人）死傷者・行方不明者は二万七〇〇〇人に上る激戦であった。ここに送られたマルティニック兵は厳しい気候に見舞われ、また人種差別も受けた。それでも「祖国」フランスへの愛国的感情を変わらずもち続けた者もいたという。

して「血の税金」を納めようとしたわけではないことは伝わってくるだろう。それと同時に、この地では差別に対する怒りが身近な現地の白人層に向かい、直接フランスに向けられるわけではないように見える点にも注意したい。本国から遠く離れた地では、支配構造が重層的になり、抑圧の大元が現地からは見えにくいという現実は、指摘しておこう。

大戦後、この地に十全の市民権は与えられなかった。戦争協力を経ても、植民地が「国民」として迎えられることはなかったのである。しかしさしたる報いもなかった彼らが、フランスから離脱する方向を向くことも、またなかった。フランスのために犠牲を払ったことを根拠として、むしろこの後はさらに、フランスと同等の権利を得ようとする方向、すなわち本国への「同化」の方向がめざされるのである。もちろんこの地の事例を一般化はできないが、少なくとも、この戦争に植民地を動員したことが現地の反発を高めて戦後の自律的な動きにつながる、という筋書きで事態が展開したわけではない。

以上長くなったが、次に第二の例として、さらに異なる光景が展開された太平洋のニューカレドニアに言及しておきたい。太平洋の多くの島々は、一九世紀にヨーロッパの支配下に入ってから、急激な社会の変化を被った。一八六四年に流刑地とされたニューカレドニアでも人口は急激に減少し、入植者と現地住民の関係はうまくいかずに、土地問題を契機として一八七八年には一大蜂起が起きている。▼1

▼1　一八六四年からニューカレドニアは流刑地とされ、一八七一年のパリ・コミューンの後も、コミューン派約三〇〇〇人が流された。そのうちの一人ルイーズ・ミシェルは、現地に伝わる歌などを収集し、また一八七八年の蜂起には現地人の側から参加している。

戦争の当初から、ヨーロッパ系入植者は動員されたが、現地人の間からも志願兵を募ることが決められたのは、一九一五年一二月末のことだった。以上のような状況もあって反仏感情の高い地域だが、おもに後方の兵站《へいたん》要員ということで、現地人カナックは最終的には一〇七八人がヨーロッパに赴いたとされる。小さな領域で、入植者を合わせて二万七〇〇〇人という当時の人口規模からすると、出征した割合は当時のフランス植民地のなかでは高いものとなる。[2]

この地でも志願への代償として市民権の付与が約束されていたのだが、大戦後、それを希望する者はほとんどいなかった。市民権を得ることは、むしろ慣習法で保障されている土地の権利の喪失につながると怖れられたからだという。植民地化の当初から反フランス的行動が大規模に起きていたこの地については、第一次世界大戦を契機に事態が変わったとは言いがたい。[3]

旧奴隷植民地では、奴隷制廃止後の歴史的経緯から、独立よりは本国に近づく方向が模索された。他方、一九世紀半ばに植民地化された本国から遠い太平洋の領域では、反フランス的でありながら、独立はやはり現実的ではなかった。植民地化によるのみならず、大戦でさらなる犠牲を余儀なくされつつも、小さな領域であるだけに世界の流れに沿うような動きが起きることも、またなかったのである。これらの地域は今日において、いまだにフランス領である。第一次世界大戦が一つの「覚醒」であったような位置づけは、対極にある両者のそれぞれに、にわかには当てはまらないことは、ひとまず確認されるだろう。

▼2　ヨーロッパ系住民は一〇四七人が従軍、現地のカナックは一一三七人が「志願」したという。死者の割合は三五・二四％と高い数字がある。

▼3　一九一七年の蜂起は支配者と先住民の対立を激化させ、結果的には動員されたヨーロッパ系住民の二七％が、先住民への対応のためニューカレドニアにとどまることになった。

6　黒人兵を集める

それではサハラ以南アフリカではどのように事態は進んだのか、この地に話を進めよう。マンジャンによる「黒い戦力」の活用という案は、さまざまな批判を受けながらも、一九〇八年に仏領西アフリカ総督に着任したウィリアム・ポンティ*の賛同も得て、その拡充に戦前から着手された。しかしマンジャンの意に反して思うように数が集まらず、一九一二年には志願制度を残しつつも部分的な徴兵制の導入に踏み切った▼1。ただ現地の反発により、これは開戦前に打ち切りとなった。

一九一四年八月の開戦でアフリカにも動員がかけられると、総督府のおかれたダカール周辺やいくつかの地域で志願が相次いだともみえた。しかし実際には望んで兵士になろうとする者はさしてなく、一九一五年に入ると今度は反乱が起き始め、それはフランスにいわば従順だった地域にもおよんだ。それでも総督府はまだ楽観的だった。事態が変化してくるのは、その年秋に、仏領西アフリカから五万の志願兵を集めるとする政令《デクレ》が出されるころからである。一八歳以上を対象に六カ月という条件で、強制的な手段に訴えながら、とりあえずは要請を超える五万三〇〇〇人が集められた。そしてその結果、フランス領アフリカ史上、最大といわれる反乱が起こることになるのである。

ウィリアム・メルロ＝ポンティ　一八六一～一九一五年。本書第2章第1節参照。

▼1　徴兵は対象人口の一～二％以内とされた。賞与は、志願兵が二四〇フラン、徴兵された場合は一六〇フラン、期間は志願が五～六年、徴兵は四年だった。

広大なフランス領アフリカで、均等に兵士が徴募されたわけではない。今日のマリ、ブルキナファソ（オートヴォルタ）、ギニア、コートディヴォワール、ベナン（ダホメ）などが兵員集めの主な舞台だった。隣接するイギリス領やポルトガル領に逃亡する者もあった[2]が、逃亡の可能性がない地域では反乱が唯一の抵抗の手段となったのである。

とくに激しかったのが、今日のブルキナファソにあたる西ヴォルタ地方である。先にも言及したミシェルの『アフリカ人と第一次世界大戦』によれば、始まりは一九一五年一一月。一五村ほどが一斉に蜂起したものに、フランスは二〇〇人あまりを投入して鎮圧した。三週間後には場所を移して新たな反乱が起こり、八〇〇人が鎮圧のため投入され、八〇ミリ砲四台も使われた。一二月末には別の地域で八〇〇〇～一万人が蜂起、その後さらに広がって五〇〇村、一六万人あまりが蜂起、といった具合に次々と抵抗は続いていった。一九一六年四月が頂点とされるが、その範囲は一〇万平方キロに及んだという。フランスが鎮圧を一応終えたのは九月に入ってからだった。それでもなお本国からの兵員要請は続き、今度はダホメ北部で一九一七年春まで反乱が続いた。

『帝国への西アフリカからの異議申し立て』（二〇〇一年）で西ヴォルタ地方の反乱を詳細に記したパトリック・ロイヤーらによれば、反乱は武器を確保するなど念入りに準備されたものだった。蜂起した人びとは必ずしも統一のとれた集団ではなかったのだが、それが連携しながら次々と戦えたのは、非常事態

▼2　逃亡先はイギリス領ゴールドコースト、シエラレオネ、ガンビア、ポルトガル領ギニアなどだった。

を前に、中心となった一人であるボナ村の指導者を頂点に、首長たちが立場を超えて相互に承認し合ったことが大きな理由だったという。著者たちはそれが新しいことだと指摘している。[▼1] しかし蜂起は厳しい弾圧を受けた。同書では確定できないとしながら、死者を三万人と見積もっている。食料の確保に女性や子どもも動員されており、人口の半分を超える死者を出した村もあるという。

ちなみに鎮圧のためにフランス側からは五万の兵が投入された。そのうちおよそ半数がセネガル狙撃兵、残りはフランスに加担した首長たちが提供した補充兵や、地域の行政区から集められた者だった。いずれにせよ現地で調達された人々である。セネガル狙撃兵は、兵士を駆り出すにも中心的な役割を担ったのだが、反乱鎮圧の任もまた果たしたのである。兵員が不足するなかでこれほどの数が鎮圧の任に当たったのは、皮肉なことに思われる。

大規模な抵抗の経験から、仏領西アフリカ総督の任に着いたばかりのジョスト・ヴァン＝ヴォレノヴェン[*]は一九一七年七月、植民地大臣アンドレ・マジノ宛に報告書をしたため、もはや黒人を白人の代わりに兵員とするのを止める旨の提言した。反フランス感情が広がれば、植民地を喪失する危険すら高まる。フランス政府もことの重大さを受けとめ、一〇月にはこれ以上の兵員集めはしないとする決定が総督に伝えられた。しかしこれで一段落とはならなかった。同年一一月一六日、フランスの内閣交代でジョルジュ・クレマンソー[*]が首相になると、再び状況が変わるからである。

▼1 植民地支配の象徴である道路に雑穀をまいて農場にした地域もあった。

ジョスト・ヴァン＝ヴォレノヴェン 一八七七〜一九一八年。オランダのロッテルダムに生まれ、両親とともにアルジェリアに入植し、後にフランス国籍を取得。一九一七年六月に総督に就任した。

ジョルジュ・クレマンソー 一八四一〜一九二九年。急進共和主義の政治家で「カマルグの虎」の異名をとった。

ヨーロッパではロシアが革命によって戦線を離脱し、ドイツが東部戦線の兵員を西部戦線に集結することが予想された。他方アメリカは一九一七年四月に参戦を表明していたものの、実際に戦線に加わるまでにはまだ時間が必要だった。クレマンソーは「アメリカ軍を待つ間」、不足する人員をアフリカ人で補う方針を決定した。兵員集めの再開である。

それにあたってクレマンソーは手法を一新しようと、セネガル人で初のフランス国民議会議員になっていたブレーズ・ディアニュを*（図6）、フランス共和国高等弁務官の肩書きで、兵員リクルートの責任者に据えた。セネガルでは、大西洋奴隷貿易の時代にフランスの拠点であった都市の住民に、奴隷制廃止の一八四八年から国政参政権があった▼2。ディアニュはそれら四つの都市のうちのゴレ出身で、フランス的環境で育ち、植民地行政官の地位にあった。第一次世界大戦の直前の選挙で初めてアフリカの黒人として当選したディアニュは、開戦になるとセネガルからの戦争協力を進める一環として、この四都市出身者にのみ、フランス市民権を認める法をフランスから勝ち得てもいた（ディアニュ法）▼3。戦争協力の見返りとして権利の獲得を目指すというのは、カリブ海の指導者たちと同じ立場である。

ディアニュの登用にあたり、クレマンソーは可能なあらゆる手段を提供するとした。まずディアニュ個人には、自由裁量の予算がつけられた。志願に応じた者や残される家族への手当はもちろん、協力する現地の首長層への手当が増

ブレーズ・ディアニュ 一八七二〜一九三四年。

図6　ディアニュ
(Antier-Renaud, *Les soldats des colonies*, p. 38.)

▼**2**　一八四八年当時はサン＝ルイとゴレ。その後ルフィスクが一八八〇年に成立、またダカールが一八八七年にゴレから分離して、全部で四都市となった。なお二〇世紀初頭までセネガルの中心はサン＝ルイだった。この地名は、町が建設された一七世紀半ばのフランス王ルイ一四世にちなむ。

▼**3**　この点は以下で論じられ

やされて、手当の支払い条件も改善された。除隊後の優遇策も拡充し、賦役や人頭税などの免除だけでなく公務員への道も開かれ、社会上昇を具体的に描けるようになった。さらに療養所や学校の設立も約束された。これらがどれほど実現されたかはともかく、アフリカ人を味方につけようとするフランス政府の大きな政策の転換と評されるものである。

ディアニュの任務が定められたのは一九一八年一月一一日、目標は四万七〇〇〇人とされた。二月に三五〇人を引き連れてダカール入りしたディアニュは、盛大なキャンペーンを展開し、半年で仏領西アフリカから六万三〇〇〇人、仏領赤道アフリカからは一万四〇〇〇人の志願兵を得ることに成功した。わずかな期間にこれほどの兵員が集まったのには驚きの感がさめやらない。見返りが準備されていたとはいえ、なぜ目標を大きく上回る結果を出せたのだろうか。

一般に第一次世界大戦期に関しては、フランスが従来の手法を大きく改めたとされている。すなわち第三共和政は伝統的な権威に対抗して形成された体制で、それを支配領域にももちこんでおり、各地の伝統的な首長を排して、新たな首長を立てるなどしていた。ところが伝統的な首長層に依拠した地域の方が反乱も少なく兵員集めも順調に進んだことから、かつての首長たちを改めて取り立てるようになったというものである。首長たちへの手当を厚くしたのは、この面からの兵員集めに期待してのことである。

実際にこのときは首長たちの下で多くが志願した。しかも首長たち自身も率

ている。松沼美穂『植民地の〈フランス人〉』法政大学出版局、二〇一二年。内藤陽介『マリ近現代史』彩流社、二〇一三年。小川了『ジャーニュとヴァンヴォ』東京外国語大学アジア・アフリカ言語文化研究所、二〇一四年。

先して志願した場合があった。従軍した者が勲章などを手に帰還して社会上昇を果たすなら、自らの地位が危うくなるとも考えられたからである。事実、戦争が終わると帰還兵たちは、参戦経験を嵩に幅を利かせるようになるのだが、伝統的権威を重視するやり方は、必ずしも首尾よく運んだ地域ばかりでないとはいえ、大いに奏功した。

他方で、ディアニュが都市を中心とする新興のエリートたちを視野に入れていたことも重要である。たとえばオスマン帝国の末期には、近代化のなかで「青年トルコ」と称される、新たな価値規範を身につけた者たちが社会の改革運動を推進したことが知られているが、類似の運動はアフリカにも起きていた。「青年セネガル」「青年ギニア」などと呼ばれるもので、フランス的教育を受けた新しいエリート層によるものである。彼らは植民地支配のなかでフランス語も解し、従来とは異なる経路での社会的上昇を模索する者たちだった。それは当面、フランスの支配から離脱する方向よりは、フランスの制度のなかで活躍の場を得ようとするものである。彼らの目には、より多くの権利の獲得は大きなチャンスと映った。

そもそもディアニュがそうした新興エリートと言える存在だった。ブレーズというのはカトリックの洗礼名である。南仏のリセに留学し、またフランス人の妻を迎えている。フリーメーソンにも入会した。フランス的なものを多く身につけたディアニュを前面に立てたキャンペーンは、伝統的権威に依拠する層と、新興のエリート層の双方にアピールする両面作戦であった。

7 黒人兵へのまなざし

ところで当初、「黒い戦力」を使うというマンジャンの提案に反対の声もあったと記したが、クレマンソーの方針はどのように受けとめられたのだろうか。長引く戦況で、兵員が圧倒的に不足していたからといって、それは必ずしも幅広い支持を得たわけではなかった。前節で言及したように、仏領西アフリカ総督のヴァン＝ヴォレノヴェンは、アフリカ兵を使うこと自体に異を唱えた。オランダ生まれで幼少期にアルジェリアに移住して、フランス植民地史に名を残すこの人物に少し触れておきたい。

ヴァン＝ヴォレノヴェンは植民地行政官を養成する植民地学校に学び、ギニアやインドシナで経歴を積んだ。彼が黒人兵の登用に反対したのは、反フランス感情の広がりを警戒したこともあるが、植民地に何を求めるかという姿勢の相違からとも言える。ヴァン＝ヴォレノヴェンは、そもそもアフリカは資源が豊富な一方で人口は希薄だとした。マンジャンが、アフリカに人はあふれるほどいるとみていたのとは対極の見解である。兵士の提供で働き手となる年齢層の男性が減るのは好ましくないのみならず、徴募を嫌って隣接するイギリス領やポルトガル領に逃亡するなら、逃亡先の労働力を増やすだけとも懸念される。

アフリカを軍事面で協力させるよりも、経済の活性化を第一にすべきだというのが、ヴァン＝ヴォレノヴェンの考えだった。とくに西アフリカは落花生の生産が群を抜いており、これから採れる油がフランスにとって重要だったこともある。

他方クレマンソーは、優先順位を人員の確保においた。そうした政治判断に対して、現地総督府はもちろん受け入れざるを得なかった。ヴァン＝ヴォレノヴェンは、限定的にかつ反乱が起きないような手法であればやむをえないとし、イギリスやポルトガルも各々の領土内で徴募をするよう、外交面で働きかけるべきだとの進言も行なっている。ところが間もなく彼は総督を辞任することになる。ディアニュの起用への抗議である。

反乱抑制のために大きな見返りを準備したこのときの徴募に際し、クレマンソーはディアニュにきわめて大きな権限を与えた。兵員集めに特化されているとはいえ、ディアニュは仏領西アフリカの頂点に立つ総督に匹敵する位置づけとされたのである。しかもディアニュには、本国の植民地大臣と直接に文書を交信できる権限が与えられた▼。この権利は元来、仏領西アフリカ総督一人に認められていたもので、ヴァン＝ヴォレノヴェンにとってこれは決して譲れないことだった。仏領西アフリカという広大な領域の総督という地位の重みを、今一度確認すべきだろう。

一九一八年一月、パリでこの決定を知らされると、ヴァン＝ヴォレノヴェン

▼仏領西アフリカ総督の権限を定めた一九〇四年一〇月一八日の政令による。

は総督の任を辞して前線に復帰し、間もなく七月の第二次マルヌの戦いで落命した。四〇歳であった。クレマンソーに反発しての辞任、そして戦死という顛末は、ヴァン＝ヴォレノヴェン事件として語られてきたところである[1]（図7）。

黒人兵の登用に反対するヴァン＝ヴォレノヴェンの背後には、アフリカとの交易に関わる商事会社など経済界の支持があったことも記しておこう。彼らの一九一八年一月の会合では、新たな兵員のリクルートには経済面からのみならず、政治面でも重大な危険があると強調されている。彼らもまた「原住民」ディアニュに多大な権限を託すことに疑義をもっていた。このような措置は支配する人種の威信を弱めるのみならず、アフリカの支払う犠牲に応えるなかで、いずれはアフリカ人に政治的、社会的な権利が与えられるとも考えられたからである。

根強い反対論もあるなかで、クレマンソーが黒人兵の徴募を再開するにあたっては、マンジャンの意向が働いていた。「黒い戦力」を活用すべきとの自説をマンジャンが放棄することはなく、クレマンソーは彼を拠りどころとした。ただしマンジャンは、クレマンソーのやり方は評価しなかった。つまり、やはりディアニュの起用である。マンジャンは植民地の白人行政官に対して黒人が多大な力をもつことに、小さからぬ懸念を表明した。普通の黒人の首長なら一〇人いても二〇人いても変わらないが、新しいエリートに属する一人の黒人にこれほどの権限を与えることが、マンジャンの目にはかつてハイチを独立に導

[1] ヴァン＝ヴォレノヴェンに対しては、黒人の募兵に反対して重職を辞し戦死したこともあって、当初は彼を黒人の側に立つ人物だとする評価が優勢だった。その後じつは彼はアフリカ人の利益を考えたわけではなく、黒人兵の使用が植民地支配にマイナスとなると懸念していただけだったという書き物が、それに続くことになった。

図7　ジョスト・ヴァン＝ヴォレノヴェンの碑
(http://statues.vanderkrogt.net/)

いたトゥサン・ルヴェルチュール*に重なって見えたのだという。

マンジャンの危惧は、当たっただろうか。ディアニュの兵員集めの成功については、さらに小川了が『ジャーニュとヴァンヴォ』▼2（二〇一四年）のなかで、大きな権力を握った黒人のディアニュが、白人のフランス人を従え、彼らに君臨する形で募兵のキャンペーンを盛大に展開した光景を強調している。黒人が白人と同等どころか、指揮し従わせるほどの存在になれることを、ディアニュは身をもって示した。そのような事態はアフリカ人にとって驚愕であり、それはじきに大きな称讃とともに賛同へと変わり、熱狂のなかで志願が相次いだというのである。大きな対価が約束されていたことは、こうした傾向を後押ししただろう。ディアニュにつき従ったフランス人の不満の大きさは、ディアニュが得た支持の大きさの裏返しである。

しかしさまざまな労苦を経て集められた黒人兵も、戦場で指揮する将校たちの見る目はなかなかに厳しいものだった。実はマンジャン自身が、結果として高い評価をしていなかった。アフリカ征服の過程において「生来の戦士」と見えた黒人たちは、ヨーロッパの戦場ではあまり役に立たないというのが、マンジャンに限らず、多くの将校たちの見解だった。基本的に異なる土地で異なる手法で戦うための訓練不足にも起因しようが、規律がとれない、たやすくパニックになるなど、「戦力」にならないのだという。加えて一九一五年二月に始まったダーダネルスの戦いが冬に及び、極寒のなかで多くの犠牲を出したこと

トゥサン・ルヴェルチュール　一七四三ごろ～一八〇三年。ハイチ革命の指導者。フランス革命期の一七九一年にカリブ海の植民地サン＝ドマングで蜂起した奴隷たちを率いて、後にはナポレオン軍とも戦った。その渦中で捕えられアルプス山中で獄死する。ナポレオンとの戦いは引き継がれ、一八〇四年一月一日にサン＝ドマングはハイチとして独立を宣言した。

▼2　小川は「ディアニュ」は誤記で、「ジャーニュ」が正しい読みだと指摘している。本書では批判を承知で、フランスではDiagneという綴りが定着していることから、従来通りディアニュと表記している（小川によれば英語ではJaanyと記されるとのことである）。ヴァンヴォは、ヴァン＝ヴォレノヴェンの愛称である。

から、黒人兵は一一月から三月には戦場に送られなくなったという事情もある。まさに使い物にならないわけだ。徴募の過程においても、戦場においても、大きな犠牲を出した黒人兵に対する評価は、著しく低かったのである。[▼1] マンジャン自身が、自らの提案に裏切られたと言えようか。

そのような状況からすれば、クレマンソーが総督の辞任という事態まで引き起こしつつも断行したディアニュの登用、そして黒人兵の徴募という路線が、むしろ突出して異質なものにも見えてくる。同時にそのことからは、圧倒的な兵士の不足という現実を前に、いかなる手段を用いても、植民地から兵を集める以外の道がないまでに追い詰められたフランスの直面していた現実もまた、浮き彫りになるのである。

クレマンソーは帝国主義時代の一八八〇年代には、海外進出を図るジュール・フェリー*と対立し、植民地拡張に反対する論陣を張った。海外に出るよりも、国内産業を振興して国力を高めるべきだとの立場に立っていたからである。しかし第一次世界大戦での指導ぶりをみれば、「反植民地主義者」との評価を今日でも受けるクレマンソーこそが、実に帝国を利用したわけである。ちなみに北アフリカにおいても現地人の徴募については、対価として権利が与えられることを好ましく思わない入植者や、労働力が減ると危惧する産業界の声があった。クレマンソーはやはりそうした声に聞く耳はもたず、政治力で突破したのである。

▼1　ドイツとの兵力差を考えれば、「わずかな」アフリカ兵を集めても実質的な戦力にはならないという声も当初からあった。

ジュール・フェリー　一八三二～九三年。穏健共和派の政治家で、第三共和政期に国内の共和主義体制を固める政策と同時に、対外拡張政策を推進した。当時は海外進出に反対の議員が多く、フェリー内閣は二度、植民地問題ゆえに倒されている。

8　ムリッド教団

本章の最後に、兵員集めの別の側面をみておこう。一九一八年のディアニュのキャンペーンは、伝統的権威に依拠する層と、新興のエリート層の双方を取り込もうとした両面作戦だったと述べたが、伝統的権威の一例として、ディアニュに協力したイスラームのムリッド教団をみておきたいと思う。他にもイスラームの教団はあったし、キャンペーンの成果がこの教団にのみ凝縮されたわけではないが、ムリッドは確かに多くの兵員を提供した。また一般に黒人兵が不評だったなかで、ムリッドについては若干異なるまなざしがあり、逆にアフリカから集められた黒人兵の象徴として語られる場合もあるからである。

今日でもセネガルで幅広い影響力をもつムリッド教団は、アーマド・バンバ*が一八八六年に創始したとされる。フランスの支配の拡張により、セネガルの伝統的諸王国は、バンバの父が支配する王国も含めて次々と崩壊した。そうしたなかで、カーディリー教団*のバンバが民衆の支持を集めるようになっていく（図8）。ムリッドとは「意志をもつ者」を意味している▼2。ムリッド教団の特徴は、バンバへの絶対的服従と、労働による救済にある。彼らは主要産品である落花生栽培を主とする労働共同体として、急速に発展していった。敗れた王国の兵士や奴隷たちも弟子として続々と参集していたことから、勢力の拡大を怖

アーマド・バンバ　一八五二〜一九二七年。ムリッド教団の信徒数は、バンバが逝去した年で一〇万人とされる。

カーディリー教団　一二世紀ごろイラクに生まれた最も古いスーフィー教団。

図8　ムリッドの聖地、セネガルのトゥバ（Guèye, *Touba*. 表紙）

▼2　神に向かう意志が、修行道の第一歩とされる。

れたフランスはバンバをガボンに流刑にする（一八九五―一九〇二年）▼。しかしこうした措置は、植民地支配への反発と同時に、バンバへの信奉をむしろ高めたとされる。

バンバは武器による抵抗の道を取らなかったのだが、フランスと交渉するなかで徐々に譲歩を強いられ、それがフランスの支配に協力することにつながった。第一次世界大戦に際してそうした傾向は、さらに顕著になった。開戦当初、西アフリカ総督だったウィリアム・ポンティはバンバの影響力を見極め、兵士を集めるにはムリッド教団の協力が不可欠だと判断した。総督府は「自由と人権の擁護者として」兵士が必要であると、教団の説得にあたる。バンバは当初受け入れなかったが、現実世界に目を向けた長老ティエルノ・ビラヒム*が、フランスの求めに応じる方向を開いた。それはフランスのためではなく、協力によって総督府の教団に対する敵対的な見方を懐柔し、バンバを守るという判断だった。このときバンバは自らの長男をまず先頭に立てて、志願に送り出している。

一九一八年、ディアニュがクレマンソーから募兵を命ぜられると、今度はディアニュ自身が協力を求めてバンバのもとにやって来た。バンバがガボンに流刑になっていた時、ディアニュは植民地行政官として当地に赴任しており、流刑の身のバンバの世話を何かと焼いた。その後、ディアニュが一九一四年の選挙に出馬したとき、流刑からもどっていたバンバはすでに、ディアニュの支援

▼ムスリムの聖者はフランスに対抗して戦ってきた歴史が多いので、それを総督府は怖れたという。バンバはガボンから戻った後、さらに一九〇三年から四年間、モーリタニアに流刑となった。

ティエルノ・ビラヒム
一八六二～一九四三年。彼は一人っ子の志願は原則として禁止した。

に尽力している。一九一八年の募兵に際しても同様だった。バンバが声をかければ一〇〇人単位で人が集まったという。

イスラーム教徒は軍の基地においても指導者に全面的に従ったので、他の信仰の者とは別扱いだったというが、なかでも師弟関係が重視されるムリッドは導師に熱心に従い、夜にはともに祈り激しく踊りもした。そして一般に彼らは、群を抜いて規律が取れ、知的で節制を重んじ疲労にも耐えると高く評価されていた。

フランスの軍首脳部の間では、明確なイスラーム対策のようなものはなかった。フランスでは一九〇五年に政教分離法が成立し、国家の宗教的中立が図られていくが、国民を総動員する戦争に際して「非宗教性」が強調されることはなかったし、まして動員する植民地の異なる宗教に、何らかの強制的な措置が取られることもなかった。黒人兵への反発が小さくないなかで、一丸となって敵と戦うためには、黒人兵についての宣伝をフランス国民向けに行なう必要もあった。それに際してむしろムリッドは、格好の例を提供したことになる。

ディアニュもバンバも、それぞれの形でフランス植民地支配に協力した。しかし振り返ればバンバが武力で抵抗しなかったのは、彼が精神界の人だったというだけではない。セネガルの伝統的諸王がフランスに倒された状況を前に、物理的な力で対抗するのが困難だという認識もあった。それよりは安定的な教団の存在を求め、フランスと共存の道を探るために交渉にかけたのだが、そこでは力関係を反映して譲歩を強いられ、その結果として協力を余儀なくされた。ムリッドが基盤とした落花生栽培がフランス支配下の最重要の産品であったことも、両者の相互依存関係の強化につながった。バンバは戦後、フランス政府から提示されたレジオンドヌール勲章を拒絶している。

他方ディアニュは、アフリカ人の「血の税金」の対価を鋭く要求し、植民地の地位向上を図ったものの、戦後になると立ち位置が変わり、フランスの政財界の利益と結びつくようになった。戦争中は、ディアニュが権力をもつことを危惧した経済界にとって、変身したディアニュの利用価値はまた高かったわけである。ディアニュはフランスによる強制労働を是認するなど、アフリカ人の間で徐々に信望を失っていった。先にマンジャンの危惧に言及したが、結果としてそれは当たらなかったことになる。

ただし、ディアニュが戦後に方向性を一八〇度変えたのだとも言いがたい。大戦期においてディアニュがフランスに協力したのは、アフリカ人の権利を拡張するためであって、フランス支配からの離脱をめざしたわけではない。後年の産業界への「協力」は、地位を確立したディアニュが、さらにフランス側に立った結果であり、アフリカへのフランス支配を問い直す性質の行動でない点は通底している。いずれにせよ、このような精力的な人物の働きの成果もあって、多くの者が兵士としてフランスのもとに馳せ参じたという物語は、大戦期のフランス領アフリカの一つの核をなしている。先に第4節でカリブ海植民地に関連して、フランスが兵士の調達に正当化の必要がなかった側面を示唆したが、サハラ以南アフリカについても、反乱を経て後には、フランスの募兵の正当化が植民地の側からも行なわれたと見える点は、一言記しておこう。それはディアニュという人物を通してのことであった。▼

では大戦中にこのような兵士の調達が進められた一方で、戦闘を離れた場面においては、アフリカにどのような働きかけがあったのか。次章では第一次世界大戦とアフリカにまつわる書物をいくつか取り上げて、その一端を考えていくこととする。

▼一九二四年一〇月、ディアニュが戦中に兵士一人を得るにつき何がしかの報酬を得ていたと告発する記事が、黒人系の新聞に掲載された。ディアニュはこれを書いた作家ルネ・マランを名誉棄損で訴えた。裁判には勝ったものの、この時期すでにディアニュはフランス産業界と結んでおり、この顚末には「黒人」の間でディアニュに対する評価が厳しいものとなっていたことが示されている。

第2章 「精神の征服」

リュシーのデッサン《ママディ・コネ》
勉強する黒人兵の図が描かれている。

1　ジョルジュ・アルディと『ある精神の征服』

本書冒頭でも触れたことだが、第一次世界大戦までの第三共和政期のフランスで、近代国民国家の形成が進められたのはよく知られているだろう。領域内の人びとすべてに国民意識を涵養し、国民として育て上げていくのに、教育という場がきわめて重視されたのは、いずれの国民国家にも共通することである。

一方、植民地に対しては国民意識ではなく、フランスに仕える立場だという意識を育てる意味において、やはり教育は重視された。第一次世界大戦に際しては、反乱を招きながら兵士の調達が実施されたわけだが、まさにこの大戦期において、サハラ以南アフリカの人びとをフランスのために行動させようとする準備が、教育の面で進められていた。それはいわゆる帝国主義の時代から、「精神の征服」と表現されていたものである。

脱植民地化の後の時代に、少なくない旧植民地で「精神の非植民地化」なるものが問題とされる状況はこれまでも指摘されてきた。それに向き合うのは現代の課題でもあるが、そもそも支配の時代には、いかに「意識の上での植民地化」、すなわち「精神の征服」が行なわれたのだろうか。本章ではこの表現を念頭に、大戦期からその後にかけて書かれたアフリカをめぐる書物を素材として、考察を進めたいと思う。具体的には教育に関連して書かれたもの二点、それに大戦期の体験記が二点である。

　そこではじめに、まさに『ある精神の征服』（一九一七年）と題する書物を取り上げよう。著者ジョルジュ・アルディ*は、歴史と地理の教授資格者《アグレジェ》で、植民地の教育畑でキャリアを積み、後には植民地学校長として辣腕をふるった人物である。植民地行政官の養成を目的とするこの学校は、一八八九年の発足当初から停滞が続いたが、一九二六年に就任したアルディは教科を大幅に改編するなどして、学校を大きく立て直した。アルディがアフリカ通となる基礎を築いた最初の職務が、仏領西アフリカ（ＡＯＦ）での教育担当の視察官で、『ある精神の征服』はアルディがその任務にあった若き日の書物である（図９）。近年、植民地史への関心が高まるなかで、二〇〇五年には再刊もされている。

　「ＡＯＦにおける教育」という副題をもつこの書の内容を見る前に、サハラ以南アフリカにおける教育の状況を概観しておこう。この地では特権的な地域であったセネガルの四都市に限って、ごく一部の上層の者を対象に、フランスと植民地の媒介者となる新しいエリートを養成する学校があったが、それを除けば教育体制は整っていなかった。一九〇三年に総督に着任したエルネスト・ルーム*は、アフリカ全域に初等教育を導入しようとする。その基本的な考えは、アフリカ人は自らの文化のなかで成長すべきであり、彼らの必要に適合(adaptation)した教育を施すべきだというものである。

　それではアフリカ人の必要に適合した教育とは何か。それは農業や手作業の

ジョルジュ・アルディ
一八八四〜一九七二年。植民地学校長の職は一九三七年まで。その後ヴィシー政権期も含めてアルジェの大学区長も務める。一九二〇年の学位論文は『セネガルにおける教育一八一七〜一八五四年』であった。その他植民地に関する著作は多数ある。

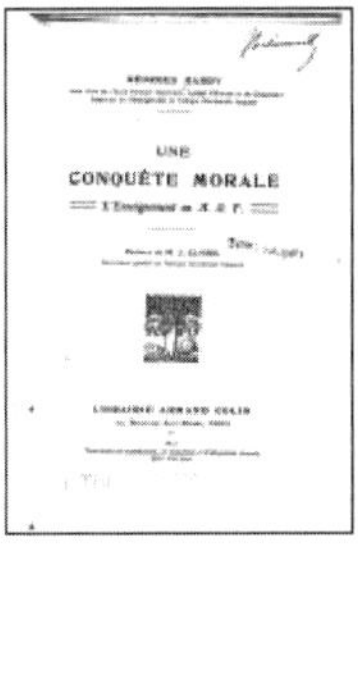

図９『ある精神の征服』の表紙

エルネスト・ルーム
一八五八〜一九四一年。仏領西アフリカの中心はセネガルのサン＝ルイにおかれていたが、ルームの時代にダカールに移された。

基礎的技術に関する知識を習得させ、場合に応じてフランス商社の代理業を務められるような者たちを育てることである。つまりはフランスが「活用」できる人材を育てることであり、支配者フランスが必要とした教育内容だと、むしろ言うべきだろう[1]。

ルームの業績の一つに、一九〇三年に師範学校を開いたことがあげられる。仏領西アフリカの中心であるセネガルのサン＝ルイに作られたこの学校は、植民地時代を通じて現地の行政官、教師、あるいは医療関係者を輩出することになる。しかし当初は生徒が一〇人だったり三〇人だったりと、運営は安定していなかった。この学校を抜本的に改革したのが、ルームを継いで一九〇八年に総督となったウィリアム・ポンティであった。彼は学校をゴレに移設して総督府直属に編成替えし、予算も増やして仏領西アフリカ全域から生徒が集まるよう尽力した。その甲斐あって希望者は安定的に来るようになり、入学試験を突破したごく一握りの選抜された者が席を占めるようになった。この学校は第一次世界大戦後の時代にも、屈指のエリート校として名を残すのである。「ポンタン（ポンティ卒）」と呼ばれた卒業生のなかには、のちのアフリカ各地の指導者が多く名を連ねてもいる[2]（図10）。

アルディを視察官として西アフリカに呼んだのはポンティだが、間もなく彼は一九一五年六月、ダカールで生涯を閉じた。長年のアフリカにおける激務に加え、開戦という事態が重なったための過労だとされている。彼の後任となっ

▼1　ただし就学したのはわずかである。植民地教育史家ゲイル・ケリーによれば、戦間期の仏領西アフリカでは一〇〇〇人のうち就学者は四人ほどで、一九三八年には倍増するが、全課程を通して就学生の数は五万六八五二人、九校ある高等小学校の登録者は七一七人だった。

▼2　たとえば初代マリ大統領のモディボ・ケイタ、コートディヴォワール初代大統領のフェリックス・ウフェ＝ボワニなど。

たフランソワ・クロゼール*は師範学校に「ウィリアム・ポンティ」の名を冠し、彼の功績を歴史に刻んだ。ポンティの教育における貢献を十分認識したこの新総督の時代に、アルディは『ある精神の征服』を上梓したことになる。以下にこの書の内容をみていくことにしよう。

*

冒頭の序章でアルディは、西アフリカの教育について明確な考えを示している。すなわち「フランス植民地の未開の人びとを改造し、フランスの大義に忠実でフランスの事業に有用ならしめる」こと、「一言で言えば、彼らの精神が私たちの意図に沿って形作られるような学校を開く」ことがまずめざされるべきである。教育は、「征服の第二の局面」、「新しい征服」であり、「第一の征服より時間がかかり目立たないけれども、同じほど豊かで価値ある」ものである。つまり武器による征服から、「精神の征服」へとフランスは駒を進めるべきであり、それによって「アフリカにおけるフランス支配の正当性と堅実さを」アフリカの人びとに伝えることが重要だと説いている。

そうした方針を最もよく示すのは、教育内容を記した第四章で取り上げられる「歴史」であろう。アルディはこれを最重要科目の一つと位置づけている。アフリカでの歴史教育の是非について、アルディは教えないのはむしろ危険だと考える。なぜなら、「私たちの歴史は偉大である。それは他の歴史と比べて

図10　ゴレに残るウィリアム・ポンティ校の校舎（http://www.panoramio.com/）

フランソワ・クロゼール　一八六〇〜一九一八年。一九一七年六月まで総督。民族学に関心が深く、アルディの書に序文を寄せている。その後任は本書第一章第七節で言及したヴァン＝ヴォレノヴェンである。

純粋で寛大で高貴である。なかでも私たちの植民地史は素晴らしい物語で、古い歴史の最も美しいページすら曇らせる」ほどだからだ。アフリカに向けては「フランス史の細部」や「われらの祖先ガリア人」▼の物語も「カロリング朝の子孫であることや宗教戦争」もどうでもよい。「植民地権力の威光」に役立つような教育を施すことが重要だからである。

アルディはそれを歴史教育というよりも、アフリカ人向けの「公民教育」と位置づける。したがって教授されるものは、まず変容したもの、すなわち植民地化以前の西アフリカの状況、次いで変容させたもの、すなわちフランスの力、そして結果としてのフランスによる植民地支配である。そのような物語は、現実の仏領西アフリカ（ＡＯＦ）の形成へとつながっていく。言い換えれば身近な村の歴史から始まって、地域の歴史、植民地の歴史、そしてＡＯＦの歴史へと、具体的かつ発展的に歴史を教えつつ、アフリカ人としてあるべき姿を提示していく授業だということになる。

支配者の言葉であるフランス語はどうだろうか。現地人へのフランス語教育には、反対意見が多かった。抵抗に扉を開く点や、アフリカ諸言語との溝が深く習得が困難な点が危惧されていたのである。対してアルディは、西アフリカの言語状況は「バベルの塔」にも似ており、フランス語はそれぞれをつなぐ役割を果たしうるとみていた。それには抽象的な概念は排除し、実践的知識を得る手段としてフランス語を教えればよい。抽象的なものを外すことで抵抗に扉

▼フランス植民地では本国と同じ歴史教科書を使って「われらの祖先ガリア人は」と唱えさせていたというのは、必ずしも正しくない。だがアフリカの教育についてアルディは次のようなイメージがあったという。すなわちフロックコートに身を包み汗を流す教師と、裸の生徒たち。扉の外には聞き耳を立てる三匹の猿。そしてやおら教師がこう始める。「さて、それでは生徒諸君、私たちの祖先ガリア人の話をしようか。」第一次世界大戦の前から、すでにこうして神話的に語られていたようである。

を開く危険を回避し、実務に役立つフランス語を教えることで交易活動に資するというのは、ルーム以来の基本的考えに合致していよう。

アフリカの子どもたちはその他に、農業はもとより手作業や計算、道徳、日常の公衆衛生などを学ぶものとされた。アルディは教員についても触れているが、ヨーロッパからの教員はコストが高くつくので、現地人教師を養成すべきだとする一方で、管理を担うのはヨーロッパ人教師のみに限定している。組織の上層に配されるのは支配者であり、現地人がそうした地位に就くことは、はじめから除外されていたのである。

以上から明らかなように、アルディの言う「精神の征服」とはフランス流の思考に染めることではなく、むしろ武力の征服に続いて、植民地がフランスに従属するものだという認識を、教育を通して教え込む姿勢だと言ってよい。

たとえばエリートを養成したはずのポンティ師範学校にしても、ここの修了証書はフランスでは何の資格にもならなかったし、修了生が公務員になったとしても昇進には上限があり、地位はつねにヨーロッパ人より下位にとどめられた。その点からすれば、教師の間における序列は、「ポンタン」たちがいずれ直面することになる社会の縮図だったとも言える。そしてそのような構図を受容する者を養成することが、仏領アフリカにおける教育のあるべき姿だというのが、アルディの主張になるだろう。

アルディの書のタイトルには不定冠詞がついているので、『ある精神の征服』

と訳出したが、「AOFにおける教育」という副題の通り、この書は西アフリカの事例を念頭にしたためられたものである。植民地教育史家のゲイル・ケリーは『フランスの植民地教育』（二〇〇〇年）に収めた論文で戦間期の仏領西アフリカにおける教育を取り上げて、一部のエリートが現地社会から切り離されるような「マージナルになるための学び」であったと述べている。この一部のエリートがどのような行動をとるかは、やはり個々の地それぞれの状況が左右したはずだが、仏領アフリカにおいては彼らの多くが抵抗の扉を開く方向には向かわなかった。それは、アルディが示したような方針に沿った教育を受けたゆえだと結論するのは短絡だろうが、ケリーの指摘するマージナルになるための学びは、戦間期のみならず、第一次世界大戦期から準備されていたものだったとは、言えそうである。

なおアフリカでは四都市出身者など一握りの者のみが、フランス人と同じ「市民権」を得ていたが、ポンティ校とアフリカのエリートについての小論、「アフリカ人は本当にフランス人になることを学んだのか」（一九八五年）のなかでペギー・サバティエは、「市民」である卒業生が、植民地行政においてとくに優遇されることはなかったと述べている。分割線は、異なる身分のアフリカ人の間ではなく、ヨーロッパ人とアフリカ人の間にあったというのである。それは端的には白人と黒人の間の分断線だったと言い換えられる。サバティエは、ポンティの卒業生たちは「黒いフランス人」になったわけではなく、ときにやや後ろ向きではあるがフランスに対する深い賞讃をもつ「黒いアフリカ人」だったと結論している。差別を日々感じながら、目の前の支配構造のなかで上昇しようとする彼らの複雑な心境を言い当てた表現ではないだろうか。

ところでアルディは、歴史教育をむしろ「公民教育」と位置づけていたと述べたが、アフリカ人向けのそのような性質をきわめてよく表す教科書が、アルディの書の前年に出版されていた。次にそれに目を移すことにしよう。

2 アフリカ版二人の子どもの巡歴『ムサとジ＝グラ』

第一次世界大戦さなかの一九一六年、アフリカの子ども向けに、『ムサとジ＝グラ――二人の黒人の子どもの物語』という学校教科書が刊行された（図11）。著者の一人ルイ・ソノレ*は、いくつかの戯曲に加えて第二帝政期の史書を刊行した一方、仏領西アフリカを使節団の一員として訪れた経験から、アフリカについて複数の著作をものしている。もう一人の著者A・ペレスは仏領西アフリカにおける「校長」という肩書である。いずれもサハラ以南アフリカをよく知る者たちである。

二六三ページにのぼるこの書は、読本の教科書として、アフリカの学校で最も広く使われたとされるものである。全体の発行部数は不明だが、一九二五年には四刷となり、一九五二年には一四刷まで版を重ねた。しかもフランスの子

図11 『ムサとジ＝グラ』の表紙

ルイ・ソノレ 一八七五～一九二八年。アフリカに関する主著の『仏領西アフリカ』（一九一二年）と『リベリア共和国』（一九一〇年）は一九七一年に再刊されている。

ども向けに翻案した『二人の黒んぼの冒険』（一九二四年）が、ソノレによって書かれてもいる。これは『ムサとジ＝グラ』がしかるべき評価を得て、評判だったことの傍証となろう。

物語は、ムサとジ＝グラという二人のアフリカの子どもが仏領西アフリカ各地をともにまわりながら、さまざまなことを学んでいくという設定である。二人の子どもが自らの足で歩いて、あるいは鉄道などの新しい技術による交通手段を体験しながら、自らの住む土地について発見をしていく……。

と言えば、フランスに似たような読み物があったことに思いいたる読者もあるのではないか。第三共和政期にG・ブリュノという筆名で出された小学生向けの道徳読本、『二人の子どものフランス巡歴』（以下『巡歴』）である（図12）。今日では著者がフイエ夫人*という人物であることは知られている。普仏戦争の敗北によってドイツ領となったロレーヌ出身のアンドレ（一四歳）とジュリヤン（七歳）の兄弟が、大工で事故死する父の遺言でフランス人としてとどまるべく▼1、おじを探してフランスを経めぐる物語である。その過程で訪れるフランスの各地で、二人はその土地の歴史や地理、また人びとの生活や産業など、多様な発見をしていく。フランス語が通じない地域もあることに驚き、「僕たちはフランス語

LE

TOUR DE LA FRANCE

PAR DEUX ENFANTS

I. — Le départ d'André et de Julien.

Rien ne soutient mieux notre courage que la pensée d'un devoir à remplir.

Par un épais brouillard du mois de septembre deux enfants, deux frères, sortaient de la ville de Phalsbourg en Lorraine. Ils venaient de franchir la grande porte fortifiée qu'on appelle *porte de France*.

Chacun d'eux était chargé d'un petit paquet de voyageur, soigneusement attaché et retenu sur l'épaule par un bâton. Tous les deux marchaient rapidement, sans bruit; ils avaient l'air inquiet. Malgré l'obscurité déjà grande, ils cherchèrent plus d'obscurité encore et s'en allèrent cheminant à l'écart le long des fossés.

L'aîné des deux frères, André, âgé de quatorze ans, était un robuste garçon, si grand et si fort pour son âge qu'il paraissait avoir au moins deux années de plus. Il tenait par la main son frère Julien, un joli enfant de sept ans, frêle et délicat comme une fille, malgré cela courageux et intelligent plus que ne le sont d'ordinaire les jeunes garçons de cet âge. A leurs vêtements de deuil, à l'air de tristesse répandu sur

図12 『巡歴』一八七七年版（一九七七年復刻版）冒頭の頁。

オギュスティーヌ・フイエ 一八三三〜一九二三年。夫は哲学者アルフレッド・フイエ。筆名は、一六〇〇年に異端の廉で火刑に処せられたジョルダーノ・ブルーノにちなむことが知られている。『巡歴』は、公教育の非宗教化が定められる以前に書かれた書だが、この筆名にフイエ夫人の思想の一端を読み取れよう。彼女は最初の夫とは

を学ばなくちゃ、フランス人なんだから」という科白も記されている。

一八七七年が初版のこの本は、学校の外では大人たちも手にしており、圧倒的な支持を得た。累計で初版から最初の一〇年で三〇〇万部、第一次世界大戦勃発の一九一四年までに七四〇万部、百年後の一九七六年までに八五〇万部がさばけたという。通読せずともこの本に接した者の数は膨大である。

『ムサとジ＝グラ』はまさしく『巡歴』をモデルに書かれたのだが、それでは何をめざして作成されたのだろうか。冒頭の序文には、三つの目的が記されている。第一にアフリカの子どもたちの教育を「読解力」の面で補完すること、第二に道徳教育の補助教材として、自らの義務と他者に対する義務を学ばせること、第三に、フランスに関する知識を与え、フランスを愛するように仕向けることである。なかでも三点目は、文明において最も進んで最も栄光に満ちた国であるフランスが、アフリカに繁栄と進歩をもたらしたと示すことが強調されている。ただしそれが退屈なものであってはならない。そのために採用されたのが物語の形式であるという。

さらに文章にも配慮がなされ、著者たちは執筆にあたって明瞭であるよう最も注意を払ったと記している。教育現場で理解されるには単純であることが重要であり、アフリカの子どもたちが些細な言葉につまずかないよう、洗練された文体などは放棄し、言語の面では意図的に「貧困」とすら言えるような文章で綴るとまで述べている。▼2 アフリカの生活範囲にない概念を使わないというの

家庭内暴力で別居しており、離婚法がない時代に長いことアルフレッドと隠れて生活をともにしていたことも、筆名を要した理由である。

▼1 ドイツ領になるロレーヌとアルザス在住の者で、フランス人に留まりたい場合、一年半の猶予があってフランス領に移住することができた。土地を離れられない農民にそうした例は少なく、移住した多くは都市民だった。

▼2 しかし、アフリカの黒人が使うとされた片言のフランス語、いわゆる「プティ・ネーグル」は使わなかったという。

は、戦略的な選択である。

序文の最後には、二〇世紀への世紀転換期に三年間、首相を務めたピエール・ヴァルデック＝ルソー*の「黒人を自らの思考様式（mentalité）のなかで成長させなければならない」という言葉が引用されている。出典は記されていないが、ヴァルデック＝ルソーは一九〇四年に死去しているので、いずれにしてもアフリカ征服と同時代の言葉だったことになる。前節で述べたように、教育熱心だったルームの総督就任は一九〇三年であり、『ムサとジ＝グラ』に表現される教育姿勢は、ルーム時代からの「適合」という教育方針に沿うものだったと考えてよい。

こうした目的をもつ読本のあらすじを簡単に追っておこう。幕開けはフランス領スーダン（今日のマリ）のトンブクトゥ*である。商用で来ていたフランス人商人リシュロ氏に、地元の少年ムサがボーイ*に雇ってほしいと願い出る。旅は勉強になるからである。ムサが「白人のように」フランス語を話すこともあり、リシュロは商売の手伝いに雇うことにした。ムサは四人きょうだいの長男で父はすでになく、母はムサの出発を悲しむが、ムサはリシュロからもらう給料の四分の三を送る約束をして出立となった。

もう一人のジ＝グラは、今日のベナンであるダホメで出会った孤児である。父のことはそもそも知らず、母も二年前に他界したため独り立ちしようと、ダホメの中心都市ポルト＝ノヴォにやってきた。おもに白人相手に手間賃稼ぎの

ピエール・ヴァルデック＝ルソー
一八四六～一九〇四年。短命の内閣が多かった第三共和制下で、ヴァルデック＝ルソー内閣は三年と最長を誇った。

トンブクトゥ
かつてマリ帝国やソンガイ帝国の時代に交易で栄えたサハラ砂漠の街で、ヨーロッパでは幻の都とされ、多くの探検家が到達を試みた。一八二八年にはフランス人として初めてルネ・カイエが到達し、探検記を残している。カイエの探検は創設されて間もない地理学会の大賞も受賞した（第3章第5節を参照）。

ボーイ
植民地時代に、現地に住むフランス人に小間使いのように仕えた少年たちは、英語を流用してこう呼ばれた。

仕事でしのいでいたところをムサに出会い、その縁でリシュロに雇われることになる。ジ＝グラは一二歳半、ムサは一三歳という設定である。三人はこの後、コートディヴォワール、セネガル、ギニア、そしてギニア高地を通ってニジェール川からマリへと戻る行程を通る。仏領西アフリカの主要な地域がおよそ含まれている。

物語には、二つの軸があると言える。一つは二人がフランスの技術による新しい「発明」に次々と接することである。最新の軍艦、鉄道、電信電話技術など、目新しいものに出会い、石油やガスや電気で明かりがつけられるのを学んだり、飛行機や気球に接したりした。マリのバマコの研究所では顕微鏡と天体望遠鏡という二つの対照的な装置を、ギニアのコナクリでは灯台や自動車を目にしている。しかも当地の病院を訪れたときには、予期せぬ展開が待っていた。ジ＝グラはそこで療養生活を送る友だちのアグバランに出会うのである。二人は思わぬ再会に喜び、懐かしい故郷の話に花を咲かせるが、アグバランは病院での治療がいかに優れているか熱く語った。そして「白人の医者は、僕たちの占い師ぜんぶを合わせたよりずっとすごいや」と感嘆するのである。

もう一つの軸は、フランスによるアフリカ（人）の改良というテーマである。それに関する場面はいたる所にちりばめられている。とくに孤児で日銭稼ぎでやってきたジ＝グラは、『巡歴』の子どもたちとは違い、問題児に設定されている。最初の例は、盗みだった。ある日、リシュロの金のシガレットケースと、タイピンについた真珠がなくなった。盗んだ当人のジ＝グラは嘘をついて、別の者に嫌疑がかかるようにしたが、結局はジ＝グラの仕業であることが判明し、厳しく罰せられる。こうした経験を経てジ＝グラはつねに真実を語る大切さを学び、成長していくのである。

ムサは利発な子どもとされているが、ムサについてはジ＝グラと出会う前の場面を引用しておこう。トンブクトゥで年老いた通訳モクタールに会ったときのことである。通訳はムサに、かつては栄えていたこの街は、一度トゥアレグ人に破壊されたが、今では以前の繁栄を取りもどすようになったと話す。それを聞いたムサが、「それほど良いことをたくさんしたのはフランス人なの？」と尋ねると、通訳は、「そうとも。かつてはトゥアレグ人やモロッコ人だけでなく、他にも略奪したり、虐殺したり、捕虜にしたりする輩がいたんだ」と答える。それを聞くとムサはすかさずこう言うのである。「僕、君のようにするよ、モクタール。フランス人に忠実に仕えることにする」。それに章末の設問も追い打ちをかける。「なぜフランスによく仕えないといけないのですか」、と。物語ではさまざまな機会に、フランスの恩恵に気づかせるような仕掛けがある。フランスによるアフリカのいわば「文明化」は、物語の枠を大きく規定しているのである。

アフリカの子どもを導く役回りにリシュロというフランス人がいたことは、『巡歴』との大きな相違でもある。『巡歴』の二人の子どもは旅の途中でおじに

図13　『ムサとジ＝グラ』挿絵
アフリカを旅するリシュロ、ムサ、ジ＝グラの三人。

再会し、その後は三人で旅を続ける（図13）。それに対してアフリカの子どもたちは、はじめ「保護者」のフランス人リシュロと三人で旅を進め、子どもたちがある程度成長したところでリシュロが帰国して、子ども二人の旅となるのである。役目を終えたフランスが去った後、成長したアフリカ人は、フランスに忠実に自ら歩みを進めると言ったらよいだろうか。『巡歴』を下地にしながらも、根本的な相違はしっかりと含まれている。

それでは学びを一段落したムサとジ＝グラは、何になるのだろうか。旅の過程で、すでに二人は将来を決めている。二人はそれぞれ兵士と農夫になるのである。この意味を考えるためにも、もう一度『巡歴』に立ち返っておこう。

＊

一八八〇年代以降のフランスでは、公の場の非宗教化が順次進められていく。教育においては共和主義的な公民教育を施す前提として、初等公教育の無償化、義務化と並んで、非宗教化が定められた。いわゆるフェリー法*である。さらに二〇世紀に入ると、公立学校で教会関係者が教壇に立つことが厳格に禁じられるようにもなり、▼カトリック教会には厳しい時代となる。歴史の教科書においても宗教に関することはご法度となり、「教える立場の者」と「教授される内容」の非宗教化が徹底されていくのである。

そうした一連の政策よりも前に刊行された『巡歴』は、非宗教的な共和主義

フェリー法
初等公教育について、一八八一年に無償化、一八八二年に義務化と非宗教化を定めた法で、公教育大臣の任にあったジュール・フェリーの名からこう通称される。

▼一九〇一年にこうした主旨の法が出され、一九〇四年に厳格に適用されるようになった。

に沿って書かれたわけではなく、キリスト教や王政あるいは旧体制の歴史にもごく自然に触れられていた。しかしそのような部分は二〇世紀初頭の極端な非宗教化のなかで、共和主義者の陣営から攻撃を受けるようになる。その結果、著者フイエ夫人はこの書の改編を余儀なくされて、一九〇六年には滑稽なまでに宗教や王政にまつわる要素を排除した改訂版が出版されもするのである（図14）。

本書の関心からは、それらの要素がどのように排除されたかという点よりも、子どもたちの扱いがどう変化したのかに注目したい。これについては歴史家オズーフ夫妻による興味深い指摘がある。『巡歴』の初版では、当時の時代背景として「農村のフランス」が基調となっており、クラスで一番になるジュリヤンにも、農業以外の選択肢は準備されていない。オズーフ夫妻は、ここに社会上昇という考えがないとみる。流動性の小さな社会背景のもとに、将来への展望も固定的なものとなり、登場人物の視野を狭めているのではないかというのである。

しかしこの後にフイエ夫人が書いた読本では、登場する子どもたちは社会上昇を遂げるようになる。『巡歴』の一〇年後に書かれた読本『マルセルの子どもたち』は、アルザス出身のマルセル一家が、普仏戦争敗北後にアルジェリアに入植する物語である。▼ここに登場する長男は陸軍士官学校に入学するし、長女も郵便局に勤め、局長にまで昇進する。また『巡歴』でも、改訂版のエピロ

図14　『巡歴』（一九〇六年）表紙

▼普仏戦争敗北でドイツ領に編入されたアルザスとロレーヌの一部の住民には、アルジェリアへの入植が奨励された。実際に移住、定住した人は多くなかったが、失われたアルザスに対して、アルジェリアは「新しいアルザス」などと当時宣伝された。この地が舞台として選ばれていることは、別の意味でまさに時代を映すものである。

ーグでは、能力に応じてその才を発揮する姿が加えられ、パストゥール研究所に入る子どもも登場する。このような変化を、オズーフ夫妻は次のように書いている。

〔初版が刊行された〕一八七七年の勤勉な子どもたちの運命はよりよい農民に、そしてよりよい兵士になることであった。ところがその数年後には、そうした子どもたちを、フイエ夫人は理工科学校に入れているのだ。ここに、ある種の方向転換をみきわめ、旅をしながら学ぶという世間の学校に、制度としての学校を通る出世街道の道がどれほど打ち勝ったかを、感じ取ることができるだろう。（ジャック・オズーフ、モナ・オズーフ、拙訳「『二人の子どものフランス巡歴』——共和国の小さな赤い本」ピエール・ノラ編『記憶の場』第二巻、二八二頁。訳文には手を加えてある。）

つまりフイエ夫人が、「生まれ」ではなく学校での「学び」がより重みをもつようになった時代を見極めたということだが、ここで注意したいのは『巡歴』の初版の時代には、よい農民に、またよい兵士になることが勤勉な子どもたちの運命だったと指摘されていることである。これはまさに、アフリカの二人の子どもに割り当てられる役回りではないか。ムサはリシュロに出会ったとき、すでに「白人のように」フランス語を話すほどの力をもっていた子どもである。

アフリカ人の場合、たとえ能力があっても、自身が社会上昇を考えていなかったことになる。あるいは植民地アフリカの子どもであれば、農業というしかるべき職を身に着け、フランスのために戦う兵士となること自体が、社会上昇だということだろうか。

では、ムサはなぜ兵士になろうと決めたのか。二人の子どもがセネガルのダカールで、アフリカ人狙撃兵の設営地に行き当たったとき、ちょうど演習に出かけていた部隊が高らかなラッパの音とともに、四列縦隊で整然と戻ってくるのに遭遇した（図15）。馬にまたがる司令官や、立派な口髭を蓄えた若い歩兵隊長に率いられるアフリカ人部隊に、ムサは目を奪われた。夕刻、昼間目にした口髭の歩兵隊長ベルジェがリシュロの友人であることが分かった。ベルジェはムサに兵士としての素質を見抜くと、狙撃兵となって青い制服に身を包み、高い性能の武器を手に、フランスのために戦うのはどうかと尋ねる。

そう問われて大喜びするムサにベルジェは、フランス軍が世界で最も優れた軍隊であること、平時には七五万、戦時には五〇〇万の兵がフランスとその植民地の平和と安全を守っていること、兵士はみな勇敢で熟達しており、しかもフランス人だけではなく「アラブ人、アルジェリア人、モロッコ人、チュニジア人、インドシナにいる黄色人種」（強調は原文）、さらにアフリカの黒人もいることなどを語る。そして兵士のなかで最も優れているのは黒人だと説いて、「そもそも肌の色が何だっていうんだ。黒人も白人も、血管を流れているのは

図15　『ムサとジ＝グラ』挿絵
ダカールで黒人兵の帰還を目にするムサとジ＝グラ。

同じ赤い血じゃないか」とも言うのである。

前節でトンブクトゥでムサが通訳モクタールに出会った場面を紹介したが、この教科書では、フランスがアフリカの悪弊を取り除き生活を向上させるという例が随所に掲げられ、そのたびに章末の設問で子どもたちは、フランスの導きの手を確認する作業を繰り返すよう、仕組まれている。フランスの恩恵を次々と学んでいくムサは、兵士が自分にとってはフランスに仕える最良の職業だと了解したわけである。

他方、ジ゠グラはギニア高地の農村を訪れた際に、農業が自分に向いていると悟る。訪問したのは、かつてベルジェの下で軍曹だった白人のデュピュイ氏が経営する開拓地であった。デュピュイは軍人として西アフリカをまわりながら各地の農業事情を子細に観察しており、軍籍を離れた後に小さな農園を始めたものである。子どもたちが訪ねたときにはすでに二〇〇〇ヘクタールを超えるまでに発展しており、五〇人以上が雇われていた。野菜や果物、また米の栽培のほか、馬、驢馬、牛、羊等々の家畜、それに家禽類も養う広大な規模である。そしてここでもまた、労働者に満足しているかというリシュロの質問に、デュピュイは次のように答えるのである。「もちろんですよ。この仕事はとくに黒人に向いています。黒人にとって、これ以上有用で素晴らしい仕事はありませんね。」デュピュイはさらに子どもたちに向かって言う。

われらが土地を耕そうじゃないか。かつてフランスのアンリ四世という王は、農耕と放牧はフランスが養分を吸収する二つの乳房であると言っていた。フランス領西アフリカも、この二つの乳房で自ら養わないといけないんだ。（一三九頁）

ジ゠グラはこれを聞いて大いに感動した。それにリシュロがこう続ける。
「ムサは狙撃兵に、ジ゠グラは農夫に！　こいつはすごい、二つとも素敵な仕事じゃないか。片や国を守り、片やそれを耕すのだから。」

この読本が書かれたのが大戦中の一九一六年であることを、改めて想起しておこう。アフリカの活用が本格化するのは大戦後のことであるが、まさに兵員集めはこの大戦期に進められていた。力で守って開拓し、フランスが利益を得るという考えは、広大な植民地を前にすでに考えられていたことだった。兵士と農夫が、アフリカ植民地をフランスのために活用する基本的な役割を担うものであったのは、言うまでもあるまい。

しかもエピローグを見ると、ジ゠グラは希望通りに農場をもつのだが、それはリシュロを含め、フランス人との交易に足場を置いている。フランスなくしてジ゠グラの農場は立ち行かない。狙撃兵も農場経営も、フランスに奉仕すると同時に、フランスの存在抜きには成り立たないものであることを思い知らされる。アフリカを活用するというフランスの思惑は、現地に対してはつねにその恩恵として示されるというわけである。

結論から一言引用しておこう。著者たちは読み終えたはずの黒人の子どもたちに、二人の主人公のように熱心に学び、勤勉で役に立つ人間になるよう諭す。大地を耕してもいいし兵士になってもいい。しかし何ごとも情熱と誠意をもってやらなければならない。

学校で学べばそれだけ、未来において成功するでしょう。そうすれば白人と黒人がともに西アフリカを豊かにすることができるでしょう。それはフランスのためであり、フランスはあなたたちを守り、愛しているのです。（二七〇頁）

他方で第一次世界大戦には、植民地の多くの地域で、フランスからより多くの権利を得るための戦争協力という方針がとられていったが、子どもたちにはそうした権利については何ら教えられないことにも、容易に気がつく。兵役は市民ゆえの義務であるが、志願して狙撃兵になる見返りについては、ムサは考えてもいないようである。植民地の子どもにわざわざ権利など教える必要はないだろう。本国のフランス人とは異なるフランスの兵士たること。それがこの教科書の一つの答えのようである。

後の脱植民地化の時代にも、親仏的勢力の強かったサハラ以南アフリカだが、ギニアのセク・トゥーレ*は当時のフランス大統領シャルル・ドゴールと敵対した数少ない指導者である。彼については、フランス支配下で植民地教育を拒み、

セク・トゥーレ
一九二二〜八四年。フランスの支援を望めないなかで独立の方向をとった。「豊かさのなかの隷従よりも貧困のなかの自由を選ぶ」という言葉はよく知られている。ただしトゥーレの立場については見直しもされている。

『ムサとジ＝グラ』のページを破ったという逸話がある。これが事実か否か確かめるすべはないとはいえ、この読本が植民地教育の象徴と捉えられていたことは、読み取れるのではないか。

ここで読本の冒頭にもう一度戻っておこう。序文で著者たちは、この物語に一人は仏領マリ、一人はダホメというように、異なる民族の子どもを配したと述べている。出自や宗教、伝統が違っても、黒い大きな家族の「友愛(fraternité)」のなかで成長できると示すためだという。物語がそのように展開したのは、以上にみてきた通りである。

3　アフリカ人の手記『大いなる慈愛』

これまで取り上げた二冊は大戦中に公にされたものだが、その時、実際に戦争に動員されていたアフリカ人たちは、どのような体験をし、どのように考えたのだろうか。従来は、植民地化された者たちがヨーロッパ諸国間のきわめて野蛮な戦争を目にして、文明化を唱えるヨーロッパの姿に疑問符がつけられたことが注目されてきた。仏領ギアナ出身の両親をもつルネ・マラン*の小説『バトゥアラ――真の黒人小説』(一九二一年)は、冒頭でヨーロッパの「文明」への批判を掲げており、そうした時代のなかで刊行された一つの典型的な「黒人文学」とみる立場もあった。しかし被植民者が戦場経験から、ヨーロッパの白

ルネ・マラン　一八八七～一九六〇年。植民地官僚だったマランを一躍有名にした『バトゥアラ』は、若手作家の登竜門のゴンクール賞を受賞した。ただしそれは、「黒人」たちの戦争協力への対価であったともされている。

人支配のいわばもろさを認識し、自律の方向に向かうというのは、必ずしも現実に即したものとは言い切れない。マランの小説もそうした認識に立っているわけでは必ずしもない[1]。

第一次世界大戦に従軍したフランス人兵士たちの体験は、さまざまな形で明らかにされてきた。たとえば彼らが戦場から書き送った手紙を集めた書簡集の類は、開戦一〇〇周年を迎えるなかで、さらに刊行が加速されているかのようである。

植民地出身兵についても近年すでに、少なくない書物が上梓されている。両大戦期の黒人兵を扱った『知られざる英雄たち』（一九九〇年）、あるいは『大戦のなかの植民地軍』（一九九七年）など、一九九〇年代からすでに蓄積がある。英語圏からも研究は進んでおり、第1章でも紹介したジョー・ランのように、文書館史料から参戦したアフリカ兵の証言を『大混乱の記憶』に著した歴史家もある。それらには、戦場での艱難辛苦のみならず、戦場を離れた後方での植民地出身者同士、あるいはフランス人との交流など、様々な側面が描かれている。また反乱を起こした者たちもあったこと、種々の理由から処刑された者もあったこと[2]、異なる植民地の出身者が争って死者まで出た場合もあったこと、さらにはフランス人との親密な交流も少なくなかったことなど、多様な事柄が今日では明らかにされている。

本節ではそれらとは別に、大戦後の一九二六年に刊行された『大いなる慈

▼1 『バトゥアラ』の序文には「ヨーロッパ人の驕りである文明よ、汝はその王国を屍の上に築いた」と記されているが、この小説が先駆的な「黒人文学」であるとの評価は今日では否定されている。

▼2 兵士の処刑は、一九九〇年代末からの大きな研究テーマの一つである（平野千果子「フランスにおける第一次世界大戦研究の現在」『思想』第一〇六一号、二〇一二年九月）。

愛』という書物を取り上げてみたい。著者は、一八九二年にセネガル北部のポドールに生まれたバカリ・ディアロ＊である。セネガル狙撃兵として第一次世界大戦に参加し、戦争が終わるとフランス国籍の取得▼が首尾よく運ばないまま、フランスを去った。本書はセネガルへの帰還が決まった後に書かれたディアロの半生記である。百数十ページのこの小さな本には、冒頭から驚くほどのフランス礼讃が詰まっている。タイトルの「慈愛」とは、もちろんフランスの慈愛である。まずは内容をみることから始めよう。

子ども時代に羊飼いに向いていないと悟ったディアロは、一九一一年に友人と志願して、いわゆるセネガル狙撃兵となる。最初の任務は第1章第3節でも触れたモロッコにおける反乱の平定だった。この鎮圧に黒人兵も投入されたと記したが、ディアロはその一人だったわけだ。この経験についてディアロは、フランスと戦わない方がどれほど有益かわからないのだろうかと、抵抗する人びとへの疑問を記している。

モロッコでの任務を終えたときに大戦が勃発したため、ディアロの部隊は直接南仏エロー県のセットに向かった。セットでは街の人びとに温かく迎えられ、ディアロはフランス語力が不十分なことを、とても残念に思う。この街ではとくにオギュスト・ボドリー家と親しくなった。ボドリーの家族は、出征まで毎日家にディアロを呼び、たばこや缶詰などさまざまなものを与えてもいる。そこからディアロが向かった戦場は、マルヌである。激しくなる戦闘のさなか、

＊**バカリ・ディアロ**
一八九二〜一九七九年。没年は、フランスの国立図書館の情報では一九七八年となっているが、ここでは後の一九八五年に再刊された書に記された年代をとった。ディアロはポドールの民族プール（別名フラニ）の生まれで、セネガル中心部のウォロフとは異なる民族である。前出のカーヌは、この書を「フランス語によるアフリカ人の最初の自伝的小説」と評価しているが、これは小説というよりはルポルタージュであり、その意味で本節のタイトルでは手記としている。

▼フランス植民地住民は、フランス国籍であったもののそれに伴う市民権がなかったという法制度は本書でも認識している。しかし、そもそも植民地出身者が「フランス国籍所有者」として扱われることはなく、実質的な「国籍」はなかったと考えるのが妥当だと思われる。ここでは、フランス語の naturalisation という言葉に通常通り「帰化」、す

別の部隊と出撃する志願者が募られ、ディアロは率先して名乗り出た。報酬があるということだったが、ディアロは見返りがあること自体おかしいと述べている。戦闘で左手に負傷するもさらに攻撃に加わると、今度は意識を失うほどの重傷を負い、それから後はエペルネ、ヌイイ、パリ、そして南仏のマントンと各地の病院を転々とするなかで、フランス人の慈愛にさらに触れるのである。

　戦争が終わると、ディアロは「フランス人」になろうと決める。戦争で受勲した「原住民」はフランスに帰化できると定めた政令《デクレ》があり、フランスの慈愛に触れた自分の義務は帰化することだと考えたからである。ところがそのためさらに二年の軍務を余儀なくされ、ようやく一九二〇年にディアロは市民としての権利を得た。だが今度はディアロは文民としてはフランス人だが、軍人としてはそうではないと不可解なことを言われ、軍務への俸給もすぐには対応してもらえずに、マルセイユに送致される。身分が不安定ななかでパリと南仏を転々とするが、結局セネガルに送り返されることとなった。以上が本書に記されるディアロのおよその物語である。

　戦場では、さまざまな苦労もあっただろう。身分にかかわる手続きがスムーズに進まず、しかるべき報酬も得られないどころか、意に反してセネガルに帰ることになり、悔しい気持ちもあっただろう。しかし愚痴はどこにも書いていない。傷も癒えていないのにセネガルに送り返そうとする者がいると不満を記し、「軍隊における不正は人生のアクシデントにすぎない」と述べる程度であ

なわち国籍の取得という訳語を当てている。

る。愚痴どころか、すでに述べたようにディアロの書には、全編にわたってフランス礼讃がちりばめられているのである。

ディアロがセネガル狙撃兵を志願したのは、他に仕事がないという消極的な理由からではあったが、「命令の前には兵士は平等だ」と聞かされたことには背中を押された。間もなくモロッコの平定に向かう道中では、フランス人の優越感をともなう思いあがりを批判する仲間もいたが、ディアロは自分たちアフリカ人こそ、同属同士の殺し合いや奪い合いがあり、フランス人に奉仕できることに感謝すべきだと反論している。より理解を深めるために、積極的にフランス語を学び始めもした。▼1 南仏のセットで歓待を受けてフランスにますます魅せられたディアロは、負傷の治療をする過程で温かい行為を受けて、さらに感謝を深めている。帰化に関わる手続きが思うように進まないときにも、やはり多くのフランス人に助けられた。

願いが叶わず、セネガルへの帰還を前にしたディアロは、理不尽なことがあっても、その前に「高く美しく、寛大で思いやりに満ちたフランスが姿を現す」のであり、フランスは「最高の繊細さと正義心をもって、人生におけるすべての不正と戦う」と表現している。渡仏の前は、フランス人は意地悪だとも耳にしていたのだが、フランス人の慈愛の深さゆえにフランスをより愛するようになったというディアロは、感極まったかのように、最後にはフランスと黒人を、花と蝶に例える。

▼1　フランス語の成績は四〇人中九番目で、間もなく伍長になれるかもしれないとディアロは書いている。

私たちは哀れな人間の蝶だ。私たちが愛着をもつ花が枯れるなら、苦しいことだ。しかしその花が生き生きとたおやかならば、私たちも留まり愛を注ごう。私たちは最も美しい人間の花、すなわち「フランスの魂」の上に置かれている。この花は、しおれることも枯れることもない。〔……〕しかしいつものことだが、私たちは運が悪い。ヨーロッパとアフリカは海に隔てられており、私たちはこの花から、フランスの慈愛から、フランスのただなかにいる友人たちから、引き裂かれようとしているようだ。(一五一頁)[2]

ディアロは、世話になったフランス人の名前を一人ひとりあげて感謝を述べつつ、「肌の色などは覆いにすぎないのだから」人種の相違に関係なく助け合おうと呼びかけて、アフリカに帰ることになる。そして最後にパリのモンソー公園で、一人の女性が鳥たちにパンを与えているのを目にしたディアロは、とても穏やかな心持ちになった。なぜなら鳥が自分たちアフリカ人で、パンを与える女性がフランス人に思えたからである。

ディアロは狙撃兵となるまでにさしてフランス流の教育を受けていたとは思われないが、『ムサとジ゠グラ』を読まずに、兵士ムサの目指す姿を体現するようになったかのようである。「精神の征服」をアルディが掲げる以前に、ディアロの思考は驚くほどフランスの教育方針に沿って、形成されていたことになる。

[2] 本書でのディアロの引用は、すべて一九八五年の再刊書(九〇頁参照)からのものである。

＊

全面的なフランス礼讃のディアロの書は出版当時、実際の著者はだれかという信憑性の問題もあり、ほとんど注目されることはなかった。フランス礼讃の物語が歓迎されなかった一つの要因は、その時代背景に求められるだろう。そもそもアフリカ兵が多大の犠牲を出しながらフランスのために戦ったのは、周知のことだった。そうしたなかでこのような書物が、フランス人に居心地の悪い感をもたせることもあっただろう。その一方で凄惨な戦争が終わった後の時代には、従来とは異なる文化に人びとの関心が集まった。[1] なかでもアフリカ、あるいは「黒人」にまつわるものは、時代の一つのキーワードとなっていた。いわば大戦で犠牲になったアフリカが、異なる文化の要素をもたらしたとも言える時代に、圧倒的にフランスを讃えるディアロの書は、なかなかに奇異な印象を与えたのではないか。

それが出版から半世紀以上を経た一九八〇年代、この書が徐々に再評価されるようになり、研究書でも言及されるようになった。[2] 書物自体も一九八五年に、アフリカ文学を専門とするセネガルのモハマドゥ・カーヌの解説を付して再刊された。カーヌによれば、一九七一年に英語の論文で、ディアロが実在の人物で本人が実際の著者であることが確認されたという。[3]

しかも先に記したように、植民地史研究が進展する今日、フランスに送られ

▼1　フランスでは一九二〇年代は「狂乱の時代（レ・ザネ・フォル）」と呼ばれている。

▼2　研究書だけではなく、今日では「教育的資料」として市民団体のサイトに記されるケースもある。南仏のマントンを拠点に作られた「セネガル狙撃兵の記憶の結社」などはその一例である。

▼3　ちなみにカーヌは、戦間期は「植民地主義批判」が王道だったなかで、この書は当時のフランスにとって「厄介な」書で忘却されたと記しているが、こうした時代の評価はやや型にはまった見方であると思われる。

てきたアフリカ兵たちが、駐屯地近辺のフランス人と交流したことなども明らかにされてきた。また「フランスのフランス人」のほうが「植民地のフランス人」よりましだと考えた者の例も決して少なくない。少し視線をずらすならば、戦争に「植民地兵を投入した身勝手な宗主国と、犠牲となったアフリカ」という二項対立ではない世界が展開されていたことにも気づかされる。そうした認識のなかで、ディアロの書には多くの文献がそれぞれの立場からそれぞれの留保をつけながら、一言触れるようになっている。今日では大戦に関するアフリカ兵の手記として、古典の位置を占めているともみえる。

それにしてもディアロの書き物が極端なのは、確かである。ここでもう一つ別の視点に立つものとして、フランス領ギアナ出身の詩人、レオン＝ゴントラン・ダマス*（図16）の詩「エトセトラ」を引いておこう。ダマスは、一九三〇年代に「黒人性」を前面に打ち出してフランスでも評価を得ていく文学運動、ネグリチュードを創始した一人で▼4、この詩を掲載した彼の初期の詩集『色素』（一九三七年）は、国家の安全保障にかかわるとして二年後に発禁となるものである。この詩でダマスは、セネガル狙撃兵たちが勲章をもらった、手足を失った、毒ガスにやられた、とさまざまに形容するのだが、第一にダマスが示すのは「傭兵」、すなわち金で雇われた兵士という言葉である。駆り出された兵士たちの多くは「志願」とされながら、半ば強制的に徴募された場合も多かったわけだが、傭兵という言葉にはダマスの厳しい視線が表れている。

レオン＝ゴントラン・ダマス　一九一二〜七八年。仏領ギニア生まれの詩人。

図16　ダマス

▼4　ネグリチュードの創始者は他に、マルティニック出身の詩人で政治家だったエメ・セゼール（一九一三〜二〇〇八年）と、セネガル初代大統領で後にフランス・アカデミーの正会員にもなるレオポール＝セダール・サンゴール（一九〇六〜二〇〇一年）。第二次世界大戦後には植民地の選挙権が拡大され、三人はそれぞれ海外領土の選挙区から選出されてフランス国民議会議員になっている。

さらにダマスはセネガル狙撃兵たちに「この野郎」という言葉を投げつけ、欲望を抑えるよう、つまり盗んだり強姦したりライン川のほとりを汚したりするのをやめるよう促す。この詩は次のように締めくくられる。


僕は、彼らに言いたい。

まずはセネガルに襲いかかれと。

僕は、彼らに言いたい。

「ドイツ野郎」は放っておけと。

(Léon-Gontran Damas, "Et cætera", *Pigments - Névralgies*, Paris, Présence africaine, 2003, pp. 79 - 80.)


大戦後、ドイツが高額の賠償金の支払いをできなかったため、フランスはベルギーとともに資源の豊富なルール地方を占領した。そのとき占領軍として黒人兵も送り込まれていたことにドイツの世論は強く反発し、それを「黒い恥」と呼んだことは、今日広く明らかにされている。▼ダマスの詩はそれを読み込んだものだ。しかも実はアフリカ兵部隊はドイツだけではなく、南米のフランス領ギアナで起きた暴動の鎮圧のため、大西洋を越えて派遣されていた。ギアナ総督が現地の兵士を信頼していなかったためだとされるが、ダマスがギアナ出身であることを、改めて想起しておこう。

▼しかし戦間期のドイツにおいても、アフリカにまつわる事柄が知的あるいは芸術的関心を呼ばなかったわけではない。ドイツの事情については今後の研究に期したい。

言うなればこの詩は、直接的にはアフリカ兵への厳しい見方を示しながら、それを通して、植民地出身者にこのような行為を強制するフランス植民地主義への批判を表現していることになる。だからこそセネガル狙撃兵は、フランスの手先としてドイツに行くのではなく、まず自らのいるべき場を奪い返せという主張にもなっていよう。この詩をディアロの対極に捉える見方もあるが、それはこの意味において妥当な評価だと思われる。同時にダマスの詩からは、アフリカ兵、あるいは黒人兵という存在が、各植民地にもつ意味が必ずしも同じではなかったことも、読み取れるのではないか。ダマスからすればセネガル狙撃兵は、犠牲者としてのみ語られる存在ではない。

こうした批判もあるなかで、ディアロのような書を取り上げることには、どのような意味があるだろうか。ここで、言葉を残すことなく命を落とした多くの植民地出身者の苦悩を軽んじるつもりも、異なる立場を視野に入れてバランスをとるべきだと主張するつもりも、もちろんない。本書第1章第4節ですでに述べたが、アフリカの征服はアフリカ人によってなされた面がある。しかも『黒い戦力』を著したマンジャンは、アフリカ人はフランスに対する「絶対的な愛着」があったと記していた。その背景には、フランスによる現地の諸王国の抑圧があり、たとえばムリッド教団のバンバに見られたように、押されるなかでの妥協もあったわけだが、そうした状況が帝国主義の時代から、フランス側の視線を通して「親仏的」だったと表現されてきたと言える。

それを考えるとディアロの書は、さらに悲惨だったはずの第一次世界大戦の経験を通して、アフリカ人自身の側から顕著にフランスへの「愛着」を表現した作品ということになる。あるいは一兵卒として参戦し、それゆえにフランス社会にある程度入りこんだ者が親仏感情を声高に主張した、最初期の書き物という位置づけになるだろうか。

　すでに触れたように、フランス植民地のなかではカリブ海などの旧奴隷植民地の指導者たちが、本国と同じ権利を得る、つまり本国と「同じ」になることを目標としてきた。ディアロの書は、彼らと立場を一にするとも単純にはみなしがたい。ディアロは政治指導者ではなかったし、何よりも直接的に、フランスとアフリカの間に上下関係をもち込んでいるからである。それも含めてディアロの書は、今日においては大きな違和感とともに、一つの現実を垣間見させるとも捉えられるのである。

　ところでディアロは、軍のなかにさまざまな民族の兵がいるが、「友愛(fraternité)」で結ばれているので問題は感じないと記している。この表現は、『ムサとジ＝グラ』でも言及されていたことを思い出しておこう。ディアロはフランスがアフリカの人びとに望むもの、あるいはアフリカ向けに使う言説を十分に内面化していたことになろうか。

　ディアロは、南仏のセットに着いたころはフランス語力の欠如を嘆いていたのだが、後には軍で通訳を務めるまでに堪能になる。ただカーヌが述べるよう

リュシー・クテュリエ
一八七〇～一九二五年。ジョルジュ・スーラやポール・シニャックらの芸術運動に近く、一九〇一年には彼ら独立派芸術家のサロンに初出品している。一九〇六年にはベルギーの前衛芸術家たちの評価も受けてブリュッセルのサロンや、ベルリンの分離派のサロンに出品するなど、フランスを越えて評価されていた。なおディアロの本には、社主のリデルが書いたといううわさもあった。

図17　リュシーの自画像
(Little (dir.), *Lucie Cousturier.*)

に、今日ではこの書がディアロ本人のものであることには合意があるものの、他方で、アフリカ人がこれほどの文章を一人で綴ったのだとも考えられていないようである。当否は明らかではないが、ディアロの手助けをしたと目されているのが、彼の原稿を友人フレデリック・リデルが経営する出版社にもち込んだ、画家のリュシー・クテュリエである。本章の最後に、彼女を取り上げることにしよう。

4 『わが家の見知らぬ人たち』から読み解くフランス‐アフリカ関係

リュシー・クテュリエは、新印象主義に影響された画家である（図17）。女流画家として数少ない存在だったが、彼女が今日再評価されているのは、大戦中のアフリカ兵との交流を『わが家の見知らぬ人たち』（一九二〇年、二〇〇一年に再刊。以下『見知らぬ人たち』）として書き残していることに多くを負う。一九一二年にパリから南フランスのフレジュス*に夫と息子とともに移り住んだが、戦争が勃発すると間もなく自宅近くに植民地兵向けの兵営が設置され、リュシーはアフリカ人と接するようになる。

しかも、戦争を生き延びたアフリカ人たちとの交流は戦後も続き、今度はリュシーがアフリカに出かけて『彼らの家の見知らぬ人たち』（第一～二巻、一九二五年）を著した。▼これら二巻は二一世紀に入ってそれぞれ再刊されたのみな

フレジュス ヴァール県東部の街。フレジュスへの兵営の設置はガリエニ将軍（本書三九頁参照）の発案による。現在の人口は約五万人。海辺のラン＝ラファエルに隣接し、ローマ時代の遺跡と地中海を楽しむ観光客でにぎわう。兵営跡は今日では海軍博物館となっており、植民地軍に関する資料も多く保管されている。また街にはインドシナ兵のために建てられた仏教寺院や、大戦後の建造物であるイスラーム教のモスク（図18）などが残されている。

▼いずれもリュシーの死後出版。なおアフリカについてはこの二巻に先立って、『オ＝ニジェールの森』（一九二三年）も刊行されている。

らず、二〇〇八年には彼女とアフリカ兵をテーマにしたシンポジウムが開かれて、論集『リュシー・クテュリエ――セネガル狙撃兵と植民地問題』（ロジャー・リトル編）も刊行された。リュシーに関する近年の関心の高まりは、ディアロへの関心とも共通するが、植民地支配者と被支配者という二項対立の図式を乗り越える視角の進展が、背景にあると思われる。

ここではリュシーの主著『見知らぬ人たち』を素材とするが、それにあたり、まずは彼女を取り巻く状況を振り返っておこう。兵営が設置された一九一五年当時、リュシーが移り住んだフレジュスの人口は、七〇〇〇人ほどだった。そこにおよそ四万人のアフリカ人が、突然到来するのである。リュシーと彼らとの接触が始まるのは一九一六年春。それまで植民地に行くどころか、アフリカ人を間近に見たこともないリュシーは、自宅近くにそのような施設ができることに当初は、「愛国的ではない」と自覚しつつも憤りを覚えた。しかし、彼らに接する機会を得ると急速に親しくなり、彼らのために自宅でフランス語の学校を開く▼。リュシーの家には教え子たちが、私的にも入れ替わり立ち替わり訪ねてきた。『見知らぬ人たち』には、片言のフランス語を話す兵士たちとの会話や、たどたどしいフランス語で書かれた手紙も少なからず引用されている。

リュシーのようにアフリカ人に親しく接したのは、むろん一般的なことではない。狙撃兵を知らない街の人たちは、リュシーに彼らは頭がいいのか、なぜあのような獣《けだもの》たちとつき合うのか尋ねたりした。しかしリュシーは黒人兵たち

図18　フレジュスに残るモスク　このモスクは、戦争終結後にフランスに残留したアフリカ兵たちのイニシアティヴで、ホームシックを和らげるために、ジェンネ（現マリ）のモスクを模して建てられたものである。すでにあったインドシナ兵のための仏教寺院に着想を得たという。(Musée des Troupes de Marine.)

▼リュシーは軍からフランス語を教える許可を得ている。なお、ダーダネルスの戦いの経

のにこやかな笑いに魅せられ、最後には彼らの美しさの理由を理解する。その秘密は白い歯にある。授業中に皆が笑うと、部屋いっぱいに白い歯があふれる。それは夜空にきらめく星のようである。そうしたことからリュシーは、神は人間をいっぺんに創ったのではなく、何度にも分けて創ったと考える。黒人の分厚い唇はその美しい歯を隠すためであり、肌が黒いのは白い歯が際立つようにするためだという。こうしたリュシーの記述について、再刊されたこの書に序文を付したロジャー・リトルは、「価値観の転覆」が示されていると指摘している。

リュシーは黒人兵の悲しみや喜びの聞き役でもあり、彼らの苦悩を読み取っていたことも伝わってくる。黒人兵がしばしば指揮官を信頼しきって、また可愛がられていたという伝説があることにも触れ、それには理由があるとしてこう記しているのである。

> 兵士たちはどのような教育を受けているか、私に語ってくれた。それは番犬を訓練するやり方に似ている。家から連れ出されて愛情に飢え、夜昼なく同じ仲間同士つながれ、軍隊の装置に身も心も叩かれて、若い過敏な黒人は、自分をいたわり少しでもましな食事をくれる者——この場合は将校——の声と行為にすがりつく。鞭と飴が巧みに混ぜ合わされていれば、従属せる者は錯覚して、指揮官を父や母、あるいは神のごとくに考えるまでになる。（再刊書、一七一頁）

験から、アフリカ兵が冬を越す地としても選ばれたなかに、フレジュスもあった。

指揮官が兵士たちを可愛がっているなら、死地に送り出すはずはないのではないかという者もあるが、リュシーは愛情があることを否定しない。ただしそれぞれの指揮官なりのやり方でだという。他方、黒人兵が負傷したり病気になったりすると、今度はフレジュスの薄汚れた小屋にとどめ置かれ、帰郷を前に「再セネガル化」される。それは「魂をもつ者」に対して行なわれているのだと、リュシーは淡々と記している。

*

リュシーの書物には批判も寄せられた。自身が編んだ論集『リュシー・クテュリエ』でロジャー・リトルは、フランソワ・モリヤック*の批判に言及している。すなわちリュシーは大戦中にアフリカの友人を教育し子細に観察することで慰めを得ていたとし、彼らを讃えるのは文明化されたものへの反感から、「単純な魂」の擁護に満足を見出していたのだという。▼1

モリヤックの批判は、一九二〇年代という時代を考慮すると、より理解しやすいと思われる。先に、「狂乱の時代」と呼ばれた一九二〇年代に、アフリカにまつわるものが人びとの関心を呼び、文化の面でも大きな影響を与えたと述べたが、リュシーの書をそうした風潮を映し出すものとして捉えることも可能だからだ。確かにリュシーがいわゆるエキゾチシズムを免れていたとも言い切れない面はある。しかし、リュシーは受身的に情報を得ただけでなく、自らの体

フランソワ・モリヤック 一八八五〜一九七〇年。フランスの小説家。一九三三年にアカデミー・フランセーズの正会員、また一九五二年にはノーベル文学賞を受賞。

▼1 モリヤックは、神の存在を否定するリュシーの立場がみられることも皮肉っている。事実リュシーがキリスト教的立場にないことは随所にみられ、共産主義に親近感をもっていたことを示す記述もある。

験を通して他者を能動的に発見していったと言うべきであろう。彼女がアフリカ人に親しみを覚えるのは、当時の流行に明らかに先んじているし、アフリカ的なものに熱狂するというよりは、もっと冷静に観察している。

ここで気になるのは、むしろリュシーのまなざしの根底には、「宗主国フランスと植民地アフリカ」という時代の枠が、色濃く浮かび上がってみえる点である。前節で、ディアロが進んで自らを下位に位置づけていたことを指摘したが、リュシーもアフリカ人を対等な友人とみていたわけでは、やはりない。彼女はアフリカ兵の「教師」であり、アフリカ兵は「生徒」だった。彼らを温かい目で観察しながら、彼女にとってフランス人が「大文字の人間」であるのに対して、アフリカ人は「小文字の人間」である。彼らはときに「猫や犬のように」、彼女の目の奥に繊細な言葉を読み取る存在である。

植民地時代のアフリカ人にとってフランス語能力は、軍内部であれアフリカ社会においてであれ、上昇の大きな鍵となるものである。それを手助けするリュシーのような存在を、ルネ・マランはフランスのハリエット・ビーチャー・ストウだと評した。▼2 奴隷制度に反対したストウ夫人と、植民地支配を続けるフランスでアフリカ人の社会上昇に手を貸したリュシーとをどこまで同一視できるかには、議論があるだろう。

むしろリュシーの体験は、植民地支配の側にある者の認識を強化するのに、一役買ったと言えないだろうか。アフリカ人を見たことのなかった彼女は、兵

▼2　これはマランが一九五七年再刊の『彼らの家の見知らぬ人たち』の序文に記した評だが、彼はすでに一九二五年、アメリカの黒人系の雑誌『オポチュニティ』に、リュシーについて「フランスのハリエット・ビーチャー・ストウ」という小論を掲載している。

営が設置されると聞いた時には恐怖心が頭をもたげ、家族で他所に逃げるべきではないかとも考えた。当地の軍事教練の下士官は、リュシーを含め周辺の女性住民に彼らは猿だから心配ないとにこやかに話した。それなら何か欠けるところのある人間なのかと思いきや、実際にアフリカ兵が到着すると、「軍人より感性が繊細な女性たち」は猿ではなく「子どもだ」と結論したのだという。それは「小文字の人間」という評価に直接つながるものである。

リュシーもフランスが植民地所有国であることは知っていたはずである。しかし普通の多くのフランス人同様、具体的なイメージはさしてもっていなかった。それがアフリカ人の存在を目の前にし、彼らと接するなかで、自分と異なる存在の価値を見出しながらも、自らが優越的な立場にあることを肌で感じるようになったのではないだろうか。しかもリュシーは、彼らにフランス語を教える教師の立場となり、彼らから大いに慕われた。戦場に旅立つ前に彼らはリュシーのもとに別れを告げにやってくる。リュシーの言動、あるいは心の動きは、典型的な文明化を施すフランス人のそれに重なってみえる。その意味であえて言うなら、きわめて「パターナリスティック」でもある。

ディアロは鳥に餌をやる女性を見て、アフリカとフランスの関係性に思いをはせたが、リュシーはその女性が現実の姿をとった一例とみることもできよう。ディアロの原稿を読んだときに、リュシーがその女性に自己同一化したとしても不思議はない。植民地に疎かったであろうリュシーのような女性が、自他の上下関係を無意識のうちに前提し、自らの体験を通してそうした関係性をなぞり、より強固な認識として身に着けていったということもあったのではないか。第一次世界大戦以後のフランスは植民地拡張をもう必要としていなかった。積極的に植民地主義の音頭をとることのない時代だったからこそ、リュシー自身が支配を肯定する理屈にすっかりはまっていったとも考えられる。

あからさまに侮蔑の態度をとる者たちも少なくない時代に、リュシーのように植民地出身者に接した例は、繰り返しになるが、二項対立的ではない歴史の一局面をすくい出すものとして語りなおす意味がある、という見方ももっともである。同時にそのような行為が、いわば無自覚な「帝国意識」を強化する役割をも意図せずに含みもっていたことは、改めて考える必要があるのではないか。そしてそのようなケースは、リュシーに限られず、さまざまな場面で繰り返されたのではないだろうか。それを支えたなかには、ディアロたち、アフリカ人の意識がなかったとは言い切れまい。改めてディアロの『大いなる慈愛』から引用しておこう。

> 黒人がある民族の慣習に同化し、その民族の言葉で夢を見るほどまでになったなら、彼はその国の息子と変わりない。(一四五頁)
>
> あなたたちフランス人が私を変えた。誓って言うが、私の頭も、心も、精神も、魂も。(一六八頁)

ディアロは著作の末尾で一人ひとり名前をあげながら、フランスのフランス人すべてへの謝意を記しているが、最後にはリュシーの名も書かれている。

尊敬すべきリュシー・クテュリエよ、あなたの望むとおりになっただろうか。あなたの人としての配慮が、あなたの魂を自由にし、あなたの公正な判断を限りなく善へ、また人道へと導いたのだ。(一六七頁)

このような相互補完的なまなざしは、より広い視野からみるならば、支配者フランスがアフリカ人に望むようなものにアフリカ人自身がなり、同時に本国のフランス人は、フランスのために戦うアフリカ人を讃えつつ、自らの子どもとしてのアフリカ人支配をさらに肯定的に評価するという二重の役割を、民間において果たしていたことにならないだろうか。ここからは、支配を問い返す視線は生まれない。

第一次世界大戦を経て、国際社会のあり方は変わろうとしていた。しかし、帝国をもっていたフランスでは、支配を問い返す方向ではなく、肯定する方向にヴェクトルは力強く向いていた。それは単に政府レベルでの宣伝によるだけではなく、個々人がそれぞれの体験のなかで、そのような公的なヴェクトルを無意識のうちに補完していったというのが、戦間期という時代の一側面なのではないかと思えるのである。意図しないままに帝国支配という枠組みを強化した一人のフランスの民間人の姿を象徴する、という意味において、まさにリュシーは時代を映していたのではないだろうか。同時に本章のタイトル「精神の征服」という点からするなら、リュシーのような一市民もまた、異なる意味において精神を征服されていたと言えるだろう。

なお、戦後にリュシーがアフリカを訪れるにあたっては、知人の紹介で知遇を得たアルベール・サローが骨を折っている。民間の交流を「官」が支えていることも、とりあえずここで確認しておこう。続く第３章では、そうした官民の協力が国家レベルで起きていたことが、みえてくるはずである。

第3章 シトロエンのクルージング

ウバンギ川支流を渡るハーフトラック
(Ariane Audouin-Dubreuil, *La Croisière noire*, Grenoble, Glénat, 2004, p. 92.)

1　アフリカの戦闘

本章では大戦後のアフリカをめぐる状況を抽出することで、大戦の前後を通して帝国・植民地という面での連続性をどのように見て取ることができるか、考えていくこととしたい。とくに社会・文化的側面からアプローチするために、車会社シトロエンが行なった、自動車によるアフリカ大陸の走破を取り上げる。本書冒頭で述べたように、衆目を集めたこのような企図が時代を表す面があるのではないかと思うからである。その前に、戦場となったアフリカについて、本書ではこれまで触れてきていないので、アフリカをめぐってどのような思惑があったのか、植民地を喪失したドイツと、その領土を得たフランスについて、簡単に整理することから始めよう。

まずは大戦中のドイツ領アフリカでの戦闘について、概要を記した地図を掲げたので参照されたい（図19）。フランスに関係するのは、戦後に獲得することになるトーゴとカメルーンである。トーゴは戦場になったドイツ植民地のなかで、最も早期に勝敗が決した。イギリス領ゴールドコーストとフランス領ダホメに挟まれるこの地については、イギリスもフランスも開戦前からそれぞれ個別に戦闘準備を進めていた。開戦直後の八月六日にフランス軍が海港アネホを奪取し、九日には英仏両者の協力関係が作られて、月末の二六日にはドイツ軍

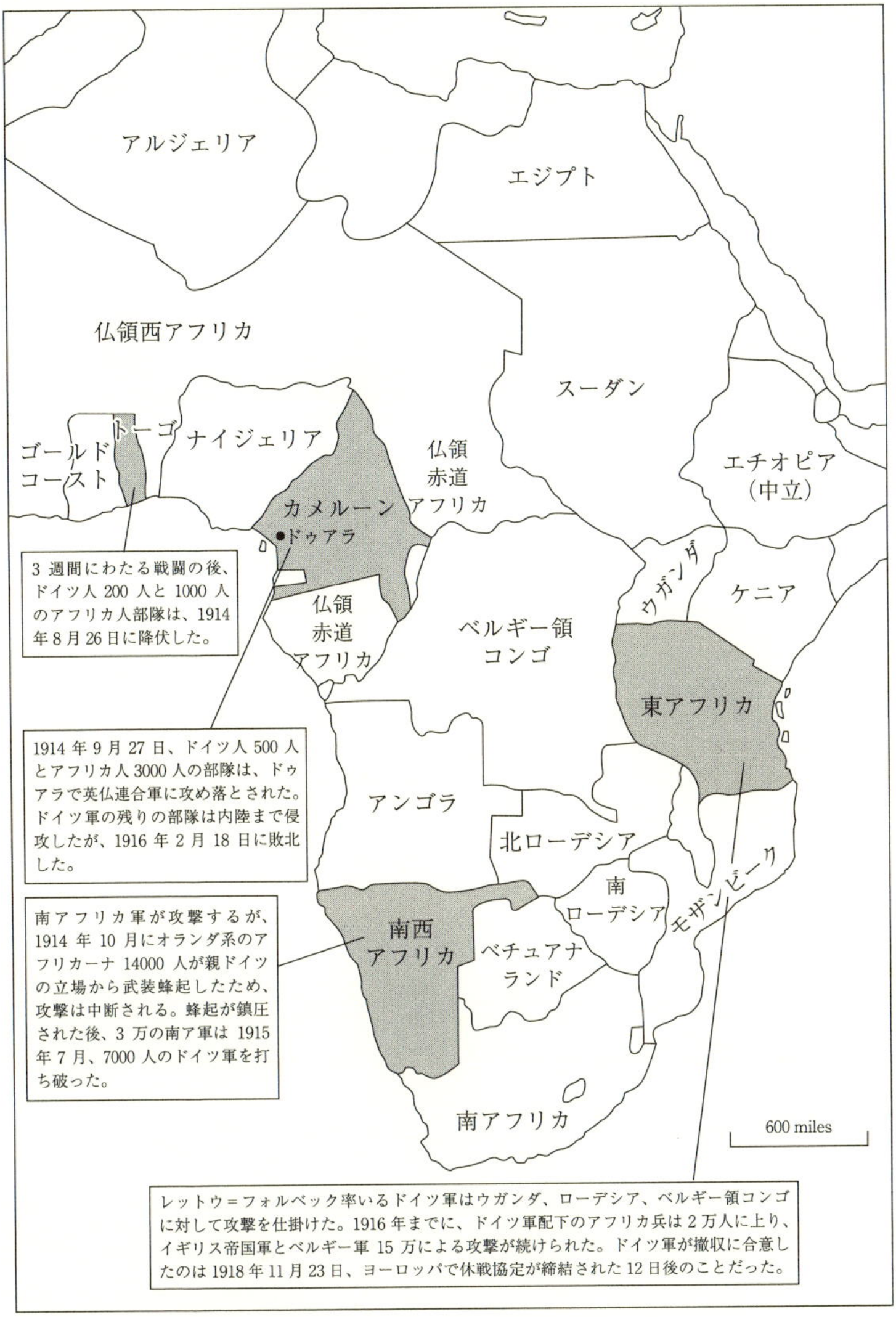
アルジェリア
エジプト
仏領西アフリカ
スーダン
トーゴ
ゴールド
コースト
ナイジェリア
仏領
赤道
アフリカ
エチオピア
(中立)
カメルーン
ドゥアラ
ウガンダ
ケニア
仏領
赤道
アフリカ
ベルギー領
コンゴ
東アフリカ
アンゴラ
北ローデシア
南
ローデシア
モザンビーク
南西
アフリカ
ベチュアナ
ランド
南アフリカ
600 miles
3 週間にわたる戦闘の後、ドイツ人 200 人と 1000 人のアフリカ人部隊は、1914 年 8 月 26 日に降伏した。
1914 年 9 月 27 日、ドイツ人 500 人とアフリカ人 3000 人の部隊は、ドゥアラで英仏連合軍に攻め落とされた。ドイツ軍の残りの部隊は内陸まで侵攻したが、1916 年 2 月 18 日に敗北した。

南アフリカ軍が攻撃するが、1914 年 10 月にオランダ系のアフリカーナ 14000 人が親ドイツの立場から武装蜂起したため、攻撃は中断される。蜂起が鎮圧された後、3 万の南ア軍は 1915 年 7 月、7000 人のドイツ軍を打ち破った。

レットウ＝フォルベック率いるドイツ軍はウガンダ、ローデシア、ベルギー領コンゴに対して攻撃を仕掛けた。1916 年までに、ドイツ軍配下のアフリカ兵は 2 万人に上り、イギリス帝国軍とベルギー軍 15 万による攻撃が続けられた。ドイツ軍が撤収に合意したのは 1918 年 11 月 23 日、ヨーロッパで休戦協定が締結された 12 日後のことだった。

図19　アフリカの戦闘の地図
(“The war in Africa”, in Morrow Jr., *The Great War*. 筆者が一部改変)

が降伏するという早い展開だった。大戦末期には、トーゴという地の存在を忘れてしまったイギリス軍高官もいたという逸話があるほどである。

赤道直下のカメルーンでも、開戦早々フランス軍の動きがあった。ここもやはりイギリス領ナイジェリアと、フランス領赤道アフリカに囲まれていたが、開戦から二週間ほどしてフランスがイギリス軍のチャールズ・ドウベル*の指揮下に入ることで合意した。それは将来に起こりうるドイツ領の分配には影響しない、というのがフランスの立場であった。戦後にこの地をイギリスと分け合ったフランスは、四分の三の領域を手に入れている。なお本書第1章で述べたように、第二次モロッコ事件でフランスがモロッコを保護領にするのと引き換えに、仏領赤道アフリカの一部をドイツに割譲したが、大戦を経てフランスはアルザス・ロレーヌだけでなく、アフリカでも失地回復を果たしたわけである。

他の二つのドイツ領植民地、南西アフリカ*と東アフリカ*では、より厳しい戦闘となった。南西アフリカには南アフリカが全面的に関与した。▼1 また東アフリカでは、イギリス領のみならず、ベルギー領コンゴ、ポルトガル領のモザンビークも巻き込まれた。フランスは戦後の和平交渉の際に拠点をいくつか手にできないかと、マダガスカル兵一〇〇〇人、セネガル狙撃兵五〇〇人を送る準備を整えたが、イギリスが歓迎しなかったため計画倒れに終わった。この地の戦闘は一九一八年一一月一一日の休戦協定を越えて続けられ、ヨーロッパでの停戦を知らされて後にようやく終結した。フランス植民地アルジェリアへの砲撃

チャールズ・ドウベル
一八六九〜一九五四年。ケベック出身のカナダ人でフランス語に堪能だった。イギリス軍に仕え、第一次世界大戦前にはアフガニスタン、南アフリカ、中国、ナイジェリアなど海外で活躍した。カメルーンの東側にはベルギー領コンゴもあり、ベルギーの動きも警戒された。

ドイツ領南西アフリカ
現ナミビア。

ドイツ領東アフリカ
第一次世界大戦後はイギリス領タンガニーカ。一九六一年に独立して共和国となり、やはりイギリスから独立したザンジバルとともに、一九六四年にタンザニア連合共和国を形成した。

▼1　南アフリカでは、アフリカ人は兵士とはされなかったが、徴用されたなかには労働者としてフランスに送られた者たちもあった。

に始まった戦争は、ドイツ領植民地で幕を閉じたと言えようか。苛酷な戦場となったこの地で戦いが続いたことを考慮しないままに、今日まで一一月一一日が「休戦記念日」として祝われ続けている現状は、大戦を基本的に「西」ヨーロッパの戦争とする立場を補強しているように思われる。▼2『アフリカにおける第一次世界大戦』(二〇〇四年)を著したヒュー・ストラッチャンは、アフリカ全体で二〇〇万人が兵士や運搬要員あるいは労働者として動員され、二〇万人以上が死亡したと記している。ここに占めるフランス領の人数は小さいが、第一次世界大戦がいかに大きな犠牲をアフリカに強いたのか一つの指標となろう。

2　植民地の重み

それではドイツでは、植民地をめぐってどのように考えられていたのだろうか。レミ・ポルトは『ドイツ領植民地の征服』(二〇〇六年)のなかで、戦中から戦後にかけて、ドイツ各界において植民地に盛んに言及されていた様を記述している。たとえば知識人層やジャーナリストの間では戦中から、トーゴなどすでに敗れた植民地の回復のみならず、オスマン帝国やイスラーム圏との連携を背景に、アフリカにおける領域の拡張が主張されていた。あるいは植民地の専門家ヴィルヘルム＝ハインリヒ・ゾルフ*のように、一九一七年末、当時のア

▼2　図19(一〇七頁)に記されるように、東アフリカでの公式の停戦は一九一八年一一月二三日である。東欧でも一一月一一日の戦闘終結はなっていないが、アフリカは直接ヨーロッパ諸国の支配地域であることを考えれば、歴史認識により重大な影響を与えていると考えられる。東欧については、本シリーズの野村真理『隣人が敵国人になる日』を参照。

ヴィルヘルム＝ハインリヒ・ゾルフ　一八六二〜一九三六年。ドイツ外交官で、サンスクリットやヒンドゥを学んだ後、カルカッタの領事となる。サモア総督を一一年間務め、一九一一年から一九一八年末まではドイツ植民地省閣外大臣の任にあった。植民地問題専門家として各界から大きな支持を得ていたことは、いずれの職務も長期にわたって務めたことに示されていよう。

フリカ分割のあり方には根拠がないとして、来るべき平和条約で分割をやり直す可能性を示唆した者もいる。ゾルフは同時に、ベルギー、ポルトガル、フランスについては、広大な領土があっても開発するに充分な人材も手段もないと述べ、アフリカ大陸を中立化して徐々に国際化する方向性を提案してもいる。

敗戦後もそうした傾向は大きくは変わらない。ポルトは一九一九年二月一三日に成立した内閣に植民地省があったことも、ドイツの植民地への意思を示すものと指摘している。ドイツは戦勝国による植民地の「召し上げ」は、想定していなかったのである。

一九一九年一月に始まったパリ講和会議では間もなく、ドイツやオスマン帝国の旧支配領域について委任統治方式が打ち出された。それによってドイツが全海外領土の放棄をせまられると、ドイツ各界からは批判が噴出する。三月一日、ドイツ議会ではヴァイマル共和国憲法を制定すると同時に、講和会議での動きに抗議して、ドイツの植民地に対する権利を回復する旨の決議を採択している。結果は四一四対七という圧倒的多数であった。ドイツは一九一八年秋、休戦協定の前提としてアメリカ大統領ウィルソンによる十四カ条を受け入れるとしたのだが、戦勝国が勝手にドイツ植民地の帰趨を決めるのは、十四カ条の第五条と矛盾するというのが、ドイツの抗議の根拠である。▼

委任統治方式が合意を得ていくなかで、ドイツは受任国になろうともした。ヴェルサイユ条約締結の直前には、ドイツが創設されるべき連盟の加盟国とな

▼ウィルソンの第五条は、すべての植民地に関する要求は、厳格な公正さをもって調整されなければならず、また主権をめぐる問題を決する際には、植民地住民の利害と、宗主国政府の要求とを等しく考慮すべきだとするものである。

り、受任国として認められるならば、全ドイツ領をその連盟の管理下におく旨の対案を出している。こうした申し出は受け入れられないが、海外領土を維持しようという強い意思は明らかである。その後も実質的な議論が進むなかで、たとえば一九二〇年一一月にも在ベルリンのフランス大使シャルル・ロランは、ドイツ政府が準備している文書において、戦勝国によるドイツ植民地の併合にいたるようなやり方は、ヴェルサイユ条約違反だと抗議を表明し、ドイツを受任国とするよう要請していると、本国政府に打電している（一九二一年一一月二一日付、シャルル・ロランから外務省宛電報。フランス外交史料館）。

ドイツ植民地史研究の第一人者、セバスティアン・コンラッドは『ドイツ植民地主義』（二〇〇八年）において、ドイツ植民地は第一次世界大戦で消滅したが、植民地への野心は変わることはなく、ドイツの「帝国意識」はむしろ大戦後に盛り上がって幅広い合意を得続けたと記している。ドイツによる植民地返還要求についても、従来はドイツの賠償問題が一段落してからと考えられていたが、近年の研究ではドイツが戦後、ほぼ一貫して植民地への権利を主張してきた側面が明らかにされている。

本書冒頭でも言及したが、フランスの場合、ドイツ占領下におかれた第二次世界大戦の後において、失墜した威信回復の手段として、植民地の維持という方針が政治潮流の左右を問わず支持された。ヨーロッパの一大国にとって、植民地保有国たる重要性は、第一次世界大戦後のドイツも同じだったわけである。

植民地の問題が政治の争点となるものですらなかったことが、時代と国を越えて観察される点は確認しておきたい。

他方、第一次世界大戦後のフランスは、敗戦国から得た領域に加えて、さらなる支配の拡張を目論んでもいた。▼1 本書第1章で、兵員徴募を嫌って隣接する他の領土に逃亡した者たちがいたと記したが、すでに休戦協定の締結前に、仏領西アフリカ（ＡＯＦ）総督府から彼らについての報告書が本国に送られている。イギリスの官報から得た統計によれば、イギリス領ガンビアの人口は表4のように増加した。とくに一九一五年から一九一八年の著しい増加は、現地の経済発展や開発の進展によるものではなく、フランス領セネガルとギニアでの兵員徴募の直接の結果だというのが、ヴァン＝ヴォレノヴェンの跡を継いだＡＯＦ総督、ガブリエル・アングルヴァン*の見解である。

表4　イギリス領ガンビアの人口変動

1912年	147,000人
1915年	153,933人
1918年	186,833人

(Lettre du Gouverneur général de l'A. O. F. au Ministre des colonies du 28 août 1918 (MAE Direction des affaires politiques et commerciales, série K 11-1).)

アングルヴァンはさらに、戦中に何度もイギリス政府に対して、共通の敵と戦うために現地人を徴募する協力を要請したにもかかわらず、イギリスは自らの利益の追求に腐心したばかりか、人口流出を利用してフランス領に地歩を築こうとすらしたという。ついては戦後に植民地の改変が行なわれるであろうことを見越して、長年の懸案であるガンビア*に関して、フランスに有利に事態が

▼1 開戦当初には、インドシナの割譲と引き換えに日本の介入を求める意見や、カリブ海植民地をアメリカに譲渡する条件で支援を依頼するという考えも出されたが、それらが実現することはなかった。

ガブリエル＝ルイ・アングルヴァン
一八七二～一九三二年。植民地学校出身で元はインドシナ専門家だったが、仏領赤道アフリカ、西アフリカ、双方の総督を務めた。一九二四～二八年は、フランス領インドの選挙区から国民議会議員に選出されている。

ガンビア
ガンビア川に沿った細長い領域でイギリス領だったが、河口が大西洋に面しているほかはフランス領セネガルに囲まれており、フランスへの譲渡の可能性がたびたび議論されていた。

運ぶよう期待すると述べている（一九一八年八月二八日付、アングルヴァンから植民地大臣宛書簡。フランス外交史料館）。

　アングルヴァンの報告を受けた植民地大臣アンリ・シモン*は、外務大臣に書簡を送り、フランス領からの移住民の存在は新たな議論の突破口を開くものであり、いずれしかるべきときに領土の要求をすべく、記憶にとどめておくべきだろうと返書をしたためた（一九一八年一〇月三〇日付、シモンから外務大臣宛書簡）。

　その後、フランス政府がイギリス外務省に書簡を送ったものの、それへの返答は素っ気ないものであり、▼2 こうしたフランスの意図が実現することはない。ここでは、植民地に執心したドイツにせよ、領土の拡張を考えたフランスにせよ、第一次世界大戦を経た時期において、帝国主義的な思考が戦争の敗者、勝者を問わず、変わらずに働いていたことを確認しておこう。植民地の重みは、まだ現実のものだった。

　なおドイツから得たトーゴについて、一言記しておきたい。この地は連盟の委任統治領として得たものの、フランスは行政上、一九三六年九月一九日の政令《デクレ》で仏領西アフリカ（ＡＯＦ）に編入している。委任統治領が実質的には植民地か否かという議論はしないが、こうした側面をどう考えるかという点は指摘されてよいだろう。

アンリ・シモン　一八七四～一九二六年。一九一七年一一月に成立したクレマンソー内閣で植民地大臣を務めた。

▼2　フランス外交史料館には、フランスが送った書簡（一九一九年一月二九日付）へのイギリス外務省からの返書（同四月二八日付）が残されており、フランス植民地の「原住民」がイギリス領にやってくるのを防ぐことはできない旨が記されている。

3　植民地の活用へ

第一次世界大戦で敗戦国の領土の「再分割」にあずかったフランスは、さらに植民地帝国の版図を拡大した。本書冒頭にも記したように、戦間期には広大な植民地帝国を謳歌する風潮が急速に高まると同時に、それを積極的に開発・活用する動きが顕在化する時代となっていく。第1章でも言及した植民地大臣サローの『植民地の活用』（一九二三年）は、それを象徴するものと言ってよい。ここでこの書を改めて取り上げよう。

序によれば、フランス人は歴史的に出不精《カザニエ》で、植民地帝国なども「自らの意に反して」手にしてしまった面がある。普仏戦争の敗北後には海外への果敢な冒険が試みられたものの、世論は関心を向けず、海外領土で何か事が起こると即座に批判を呼ぶ傾向が強かった。それを変えたのが第一次世界大戦である。大戦では遠い大地から戦士や労働者、あるいは資源が、戦う祖国のために海を越えて運ばれてきた。豊かな植民地の存在は、海外領土の問題を国民的な関心事へと押し上げ、新しい精神状態を生み出した。

サローは大戦を契機とするこうした変化を基に、国防や経済といった国民生活の基本部分に、植民地に関する活動を組み込む必要を説いている。さらに植民地が大戦でフランスにいかに役立ったのか具体的に示し、植民地政策について論じた後、植民地の現状や可能性をめぐって、どのような資源がありどれほど道路や港、鉄道などのインフラ整備が進んでいるのか、教育や医療がどのような状況にあるのか、地域ごとに詳細に記している。つまりは大戦でフランスに貢献した植民地の潜在力を評価し、それらを取り込むことで、「今後の世界で起きるであろう大きな問題の解決に、フランスが基本的役割を果たす重要な一歩を築く」ことになる、というのがサローの主張である。

そのような植民地活用の前提として、すでにサローは一九二一年四月、「植民地大臣の管轄下にある植民地および保護領で実施すべき国民的利益のある公共事業計画」をまとめた法案を国民議会に提出している。経済面と社会面、双方からの植民地の開発計画をまとめたもので、このように包括的なものはそれまでにないことだった。▼計画には「原住民の昇進」も盛り込まれたが、それにはコストの問題のみならず、現地人エリートが支配に組み込まれないと危険だとの認識もあった。しかし成立はしたものの、この法で目指されていた開発は、ほとんど実施されないままとなった。実施に多額の予算がかかるために議員たちが尻込みしたこと、また一九二一〜二二年の経済危機で植民地物産の価格が下がり、植民地向けの投資が停滞したことなどがその理由である。

それゆえにこそ、植民地の活用の重要性を唱えるためにサローがこの書を執筆した面もあると思われる。こうした事態が戦間期を通してどのように変遷するのか、サローの記述とも照らし合わせつつ跡づける作業も必要だろう。しか

▼サローはイギリスやベルギーなどに比して、フランスは植民地に対するこうした費目での投資が少ないとも指摘している。

し、時代の大きな流れを把握しようとする本書の関心から、それは別の機会に譲り、ここでは資源の輸送ルートの観点から考えてみたい。なぜなら植民地の資源を活用するには、それを本国に送り届けるルートの確保は至上命題となる。そしてその必要性は、本書で主たる対象としているアフリカで、まさに第一次世界大戦中に明確に認識されるからである。

4　輸送ルートと手段の開発

それは北アフリカのサハラ砂漠に端を発する。本書冒頭でも記したように、北アフリカでは山が海岸線まで迫っており、山脈を越えると広大なサハラ砂漠で、その南には仏領の西アフリカと赤道アフリカがさらに広がっている。このアフリカ大陸に点在する主要な拠点を結ぶような情報伝達、あるいは輸送の手段をどう打ち立てるのか。それはこの地を掌握した一九世紀末から、フランス首脳部が試行錯誤を繰り返してきたことだった。そして第一次世界大戦はその必要性を、緊急の課題として浮上させた。

というのは、この地は直接的に戦場とはならなかったが、多くの人員を送り出し、戦う本国を背後から支える立場にあった。しかもセネガルの落花生、あるいはギニアやコンゴのゴムなどを確実に本国まで届けるのは死活問題であり、それにはサハラ砂漠を通る必要があった。つまり大戦は、サハラ砂漠を通るいわばコミュニケーション網を確立することの重要性が、直接的に認識される契機となったのである。

当時、サハラの主要な輸送手段は駱駝《ラクダ》だった。一頭の駱駝に積めるのはせいぜい一五〇キロほどであり、一日に進めるのは三〇キロ程度で、しかも駱駝は健康管理が難しいのだという。そこで注目されたのは、自動車である。自動車は一九世紀末に開発されて、次々と改良を重ねているところだった。公共の乗り物としての利便性と、個人の移動範囲を格段に広げるという面で、現代社会を象徴する手段であるのは言うまでもない。馬車に代わって車が登場すると、アフリカにも間もなく導入される。当初は高いコストへの批判を浴びつつも試行錯誤は続けられ、二〇世紀に入るとチュニジアの一部が車で結ばれるようになったり、アルジェリアに蒸気自動車の会社が設立されたり、あるいは無限軌道、いわゆるキャタピラーが注目されたこともあった。▼

第一次世界大戦を契機に、この問題の重要性が認識されると、砂漠への挑戦は本格化した。ヴェルダンやソンムの戦いのあった一九一六年には、アルジェの南方をさらに南へと、七五〇キロにわたって走破する試みが二台の車で行なわれたが、一台のみが二〇日をかけて目的地に到達しただけだった。翌年には同じ経路を五台が出発し、二台が六日で達成したものの、残り三台は一二日かかった。

戦争の終結後にも試みは続く。たとえばニヴェル将軍*の指揮下に、二八〇〇

▼当初は蒸気自動車の占める割合が高かったが整備が困難で、電気自動車が急速に伸長した。ただコストが高くまた長距離移動が困難だったこともあり、ガソリン自動車がそれらにとって代わった。

ロベール＝ジョルジュ・ニヴェル　一八五六〜一九二四年。一九一六年一二月に陸軍総司令官。一九一七年春にニヴェル攻勢とも呼ばれるシュマンデダムの戦いを指揮して失敗。兵士の反乱も招いた。

表5　シトロエンのクルージング

サハラ縦断	1922年12月17日〜1923年3月6日	砂漠のクルージング
アフリカ大陸縦断	1924年10月28日〜1925年9月8日	黒いクルージング
中央アジア	1931年4月4日〜1932年2月12日	黄色いクルージング

キロにわたる経路を、三機の飛行機が七台の車と連携しながら進む手法も果敢に取り入れられた。やはり新しい手段である航空機を投入したこの企画も、完遂できなかった。▼1車での走行には、あらゆる困難が生じていたようである。種々の故障が絶えないだけでなく、タイヤのパンク、砂に埋もれてしまうケース、峡谷での転落、砂漠の夜の冷え込みによるエンジンの凍結など、さまざまな事例が報告されている。軍はこの後も試みを続けるが、死者まで出しながらも芳しい成果が得られない状況は変わらなかった。

戦後も続いた軍の試みとほぼ時期を同じくして、新たな車の開発を進めていたなかに、一九一九年に自動車会社を設立したアンドレ・シトロエン*がいた（図20）。シトロエンは無限軌道を装着した車の開発で、全路面対応の新型車に成功したところだった。そのシトロエンに軍から声がかかって、砂漠縦断の企画が動き出す。それに成功するとシトロエンは、続いてアフリカ大陸全体の縦断に挑み、その後はアジアにまで数台の車を連ねた長距離走行を展開する。都合三回▼2の非ヨーロッパ圏への遠征が、後に「シトロエンのクルージング」として、広く一般に呼び親しまれていくものである（表5）。

▼**1**　一九二〇年には三二台がつぎ込まれ、九台しか最終目的に達しなかった遠征もあった。

アンドレ・シトロエン　一八七八〜一九三五年。家族は一八七三年にオランダからパリに移住していた。

図20　シトロエン（A. Audouin-Dubreuil, *La Croisère des sables.*, p. 200.）

前述のように、サロー の書でも道路に言及はあり、主要な町を結ぶ道路の建設計画も巻末に掲載されているが、アフリカの場合、砂漠はもちろん、道路を整備できない地帯を結ぶことこそが課題だった。しかも植民地の拠点を有機的に結び輸送路を確保するという国家的使命は、結果として厳しい自然環境のなかを走破するという冒険の要素も大いに含んでおり、これが多くの市民の関心を呼ぶことにもなるのである。

そこで以下では、自動車によるアフリカ大陸走破の代名詞ともなっているシトロエンのクルージングに、目を向けていこう。本章冒頭でも述べたことだが、植民地を活用するという大きな目的のなかで、単に政治・経済的側面からの検討を重ねるのではなく、戦間期に急速に身近になる車という乗り物に注目することで、むしろサローが述べるような植民地をめぐる「世論の変化」も視野に入ってこよう。自動車の愛好家の間でおもに語られてきたこの企画を、植民地史の文脈においてみることで、より広く社会・文化的側面からのアプローチが可能になるとも思われる。

自動車でアフリカ植民地内部を結ぶという試みを後押しする要素として、大戦後に生じた世界体制も関係している。主要な一つに一九二一～二二年にワシントンで開かれた海軍軍縮会議がある。このとき列強の主力艦の保有比率が定められ、米英日で五・五・三とされた。これに対して日本国内で不満の声もあがったのはよく知られているが、このときフランスとイタリアは、一・七五だ

▼2　一九三四年（七月六日～一〇月二三日）にカナダのロッキー山脈に、シトロエンから購入したハーフトラック五台で挑んだものがあり、通称「白いクルージング」と呼ばれているが、シトロエンが企画したものではないので、ここでは含まない。

ったことも忘れてはなるまい。P・ゴドフロワ中佐*によれば、こうした制限によってフランスは、有事の際に、アフリカとのコミュニケーションを大西洋と地中海の両面から確保するのが難しくなった。つまり主力艦の保有制限によって、大西洋を通してアフリカと連携するのが不可能になったのであり、その結果、首都のパリからアフリカへの玄関口マルセイユを通って、地中海対岸のアルジェ、そして砂漠を越えたニジェール川（フランス領スーダン領内）に到達し、そこからさらに仏領赤道アフリカの中心地であるコンゴまでをつなぐルートを確保することの重要性が、さらに増したというのである。

このような世界情勢の「追い風」を受けながら、シトロエンのクルージングが企画されていくのだが、整備されていない路面を走る自動車の開発を、シトロエンのみが手掛けていたわけではもちろんない。軍は当初、ルノーの車を使ってもいた。まずはライバルだった両者の競合関係から、見ていくことにしよう。

P・ゴドフロワ中佐　生没年不詳。一九一九年に、アルジェリアのサハラ横断鉄道の構想を論じた『南部地域における鉄道計画』を著している。

5　ルノーとシトロエン——大戦と車会社

はじめにアンドレ・シトロエンは、オランダ系ユダヤ人の宝石商の家に生まれた。本人は理工科学校を出て家業は継がず、やはりダイヤモンド商の家に生まれたジャックとポールのアンスタン兄弟*とともに歯車の会社、シトロエン＝

ジャック・アンスタン　一八七三〜一九三七年。ポール＝は生没年不詳。

アンスタン株式会社を興した。産業界で機械化が進展するなか、電動モーター用に頑丈な歯車の需要が高まる時代の波に乗るものだった。その後、自動車会社モルスの再建に関わったことで、のちに自ら車会社を運営する際の人脈や経験を手にしたようである。第一次世界大戦が始まるとシトロエンは動員され、砲兵隊の大尉となった。開戦当初、大砲は一日に数発を放つ程度だったが、間もなくこの戦争が物量戦になることは予想された。開戦直後の九月には、陸軍省が産業界の代表と砲弾の増産についての会議をさっそく開いてもいる。

そうした情勢のなか、理工科学校の先輩にあたるルイ・バケ将軍の要請で、シトロエンは砲弾の工場を立ち上げることとなった。一九一五年に製造を開始すると、日に五〇〇〇発から一万発、後には五万発の砲弾を作り出し、大戦終結までに総数で二五〇〇〇万発がシトロエンの工場で生み出されたという。

ところで一般に大戦期の車会社と言えば、戦車が想起されるのではないか。フランスではルノー社のFT一七型戦車が有名である。▼大戦前にすでにフランス第一の自動車会社となっていたルノーの社長ルイ・ルノー＊は、戦後にのし上がるシトロエンの最大のライバルともなる。そこでルノーに視線を移すこととしよう。

ルノー社はルノー兄弟の手で、一八九九年にパリの南西郊外に位置するブローニュ・ビヤンクールを拠点に設立された。以後この地は現在でも「ルノー村」といった様相である。末弟のルイ・ルノーは当初は会社の経営には関わら

▼フランス最初の戦車は、シュナイダーCA1。

ルイ・ルノー
一八七七〜一九四四年。大戦前に競合していたプジョーと比較すると、一九一三年の売上高は、ルノーの五七五八万一一九フランに対し、プジョーは五一七六万九二八九フランであった。なおルノーは後の第二次世界大戦期に占領者ドイツに協力したとして一九四四年九月に逮捕され、勾留中に死去した。

図21　ルイ・ルノーの自宅の庭にあった小屋
ルノーはここを作業場とした。現在はルノー本社の敷地内に保存されている。
（『ルノーの世紀』8頁）

ないまま、会社創設の前年に一人で車を作ったとされる（図21）。ルイ・ルノーは創業者と思われている場合も多いようだが、彼は設立当初からの社長なのではなく、兄たちの早世によって後に会社を単独で担うことになったものである。

第一次世界大戦におけるルノーの協力は、群を抜いていた。一九一五年九月のマルヌの戦いでは、形勢不利だったフランス軍に、植民地の制圧で名を馳せていたジョゼフ・ガリエニ将軍の命で一二〇〇台のルノー社製のタクシーが徴用されて、五〇〇〇人の兵士が戦場へと運ばれた。「マルヌのタクシー」として知られるものである。砲弾については、開戦後に直接マンジャン将軍から製造の可能性を尋ねられたというルノーの証言を、パトリック・フリダンソンが『ルノー工場の歴史』に記している[1]（図22）。

それだけではない。ルノーの社史である『ルノーの世紀』（一九九八年）は、ルノー社は四年にわたって「突撃用戦車から担架まで、そして弾薬や飛行機のエンジンなど、ありとあらゆるもの」を生産していたと述べている。ルノーは、

▼1　ルノー社の砲弾は八六一万二七四〇発で、シトロエンには遠く及ばなかったが、ルノーの社史は、シトロエンの大戦中の砲弾製造がその資産の形成に役立ったと述べている。

アリスティド・ブリアン*や、アルベール・トマ*などの政治家たちとの間に個人的な関係もあった。第一次世界大戦は「軍産複合体」を生み出したのであり、ルノー社はその最前線に位置していたというのが、先に引いたフリダンソンの見立てである。

他方、シトロエンが車産業に本格的に参入するのは、前述のように第一次世界大戦の後のことである。この業界の新参だったシトロエンに大きなチャンスとなったのは、一九一七年の革命を逃れてロシアからフランスに帰国していた技師のアドルフ・ケグレス*との出会いである。ケグレスは極寒のロシアで自動車技師としての才を買われて、皇帝ニコライ二世のもとで自動車の開発、整備に携わっており、雪面で走行できるハーフトラック*の特許を持っていた。前輪がタイヤで後輪に無限軌道を装着したもので、雪面のみならず整地されていない路面に威力を発揮した。ケグレスはこの特許をもって、まずルノー社を訪ねたのだがすげなく断られ▼2、知人をつたってシトロエンと組んでいたジャック・アン

図22　ルノーの砲弾工場
写真の両側に見えるのは砲弾の断面。
（『ルノーの世紀』48頁）

アリスティド・ブリアン
一八六二〜一九三二年。戦間期にドイツとの協調路線を進め、ロカルノ条約や不戦条約の締結に関わった。

アルベール・トマ
一八七八〜一九三二年。大戦中は第1章第2節で触れた植民地出身労働者を担当する部署（SOTC）の責任者だった。大戦後は国際連盟付属の国際労働機関の初代事務局長に就任し、一九三二年まで務めた。

アドルフ・ケグレス
一八七九〜一九四三年。早くから自動車に熱中。一九〇四年からニコライ二世のもとで自動車技師として勤め、シュナイダー社と共同で戦車も作っている。

ハーフトラック
Half track. 半無限軌道式自動車、あるいは半装軌車と呼ばれる。

▼2　ルノーは自立心が強く、他者の特許を取り入れるのを避ける傾向があったという。

図23　後に砂漠のクルージングで使われるハーフトラックの原型となるもの
（A. Audouin-Dubreuil, *La Croisère noire*, p. 198.）

スタンの元にたどりついた。

　ケグレスの特許はシトロエンにとって、決定的な技術となった。シトロエン社はまずは小型で頑丈な車を一般向けに売り出して会社の地歩を固めるが、それと並行してケグレスの技術に基づくハーフトラックで、全路面対応車の開発に乗り出すのである。大西洋に面したアルカションの砂地や、アルプスの雪面などでの試乗も行なった。[1] シトロエン自身が記すところによれば、一九二一年一月に製造を本格化させると間もなく、どのような路面でも時速四〇～四五キロで走行可能な車の完成をみた。「シトロエン＝ケグレス」と呼ばれたハーフトラックは、商業ベースに乗っていく。

　陸軍がシトロエンに接触してきたのは、その年の一〇月である。前述のように軍はサハラで難渋していたが、軍の目的は単にサハラを縦横に走行するだけではなく、広大な植民地に点在する拠点を確実にかつ有機的につなぐことであり、ケグレスの名を冠したシトロエンのハーフトラックこそは、その解決策になると考えられたからである。シトロエンはそれに先立つ九月にハーフトラッ

▼1　本書ではシトロエン自身の言葉はおもに以下に拠っている。Introduction pour G.-M. Haardt et L. Audouin-Dubreil, *Le raid Citroën*, 1924; Discours de M. André Citroën, *Bulletin Citroën*, no. 102, 1933.

クを大統領に披露する機会を得ており、無論のことこの申し出を受け入た。そして翌年一月からは実際にサハラでの試走が始まることになる（図23）。

　この企画に当たってシトロエンは、公権力からはいかなる資金援助も受けないと決めた。公的機関からの便宜は、あくまで植民地現地における保安上の情報や、通信のための海底ケーブルといった手段の使用などに限られるとした。[▼2] このような事業の完遂には、あらゆる事態を想定した「体系的な」準備が必要だが、シトロエンには、それらを一企業としてやり遂げれば大いなる宣伝になるという目算もあった。メディアが取り上げれば話題をとるのも期待された。この点は後述するが、こうした冒険に挑む野心的な企業家精神が、そもそも公衆の関心を引くものだったという面もあるだろう。

　それでも情報の提供や対外的な交渉など、公的機関の後援がシトロエンの遠征事業を大きく支えたことも、やはり重要である。最初の砂漠の縦断に成功すると、シトロエンの企画には複数の機関から公的任務も与えられ、そのことがこの「シトロエンのクルージング」に、一企業によるアフリカ遠征という以上の意味をもたせるからである。

　なお、軍から打診があったときに、シトロエンは貴重な人材を譲り受けていた。中尉のルイ・オドワン＝デュブルイユ[*]である（図24）。すでに四年にわたってサハラでの走行に従事してきており、ニヴェル将軍の指揮する試みに加わるなど、経験も豊富だった。彼はモルス社時代からの社員だったジョルジュ＝マ

▼2　シトロエンはこの旨を確認する陸軍大臣の手紙を、前注に記した『シトロエン耐久走行』の序文に掲載している。

ルイ・オドワン＝デュブルイユ　一八八七〜一九六〇年。

図24　デュブルイユ
(A. Audouin-Dubreuil, *La Croisière des sables.*, p. 200.)

リ・アール＊とともに（図25）、シトロエンのクルージングを文字通り屋台骨となって支えていくことになる。

6　「アフリカのルノー」

シトロエンがこうして走行を準備していく間、ライバルのルノーはどうしていたのだろうか。単にアフリカを車で走るという意味では、ルノーは新興のシトロエンにずっと先んじている。二〇世紀には新しい植民地であるアフリカに、新しい交通手段である自動車で乗り込むようになった探検家や冒険家が、少なからず出現するからである。しかも車はその便利さから、現地の入植者社会にも根づいていく。一九〇五年にはすでに、アルジェリア各地の自動車クラブなどの主催でレースが開かれるようにもなり、ルノーや、ルノーより早く自動車製造に乗り出していたプジョー▼が競っていた。

第一次世界大戦後は、ルノーもさらに事業を拡大させた。「エンジンを搭載するものすべてに関心を寄せて」いたと社史が言うように、ルノーは自動車から機関車、飛行機まで事業を多角化し、かつ外国に工場を作るなど国際的進出も果たす。またシトロエンのハーフトラックに対抗して、ルノーも別の車を開発した。それが六輪自動車である（図26）。大戦中にはルノーの車も軍が砂漠の試走に使っていたが、満足する結果が残せなかったこともあり、六輪自動車は

＊**ジョルジュ＝マリ・アール**　一八八四～一九三二年。モルス社の幹部社員だったときにシトロエンと出会った。第一次世界大戦期には砲弾工場の長も務めた。アール（Haardt）という名前の読みは、『ルノーの世紀』日本語版に従った。

図25　アール（A. Audouin-Dubreuil, *La Croisère des sables*, p. 200.）

▼プジョー日本の公式サイトによれば、創業は一八一〇年。世界初の自動車量産メーカーである。プジョーの車は、チェーン駆動のギアシステムが特徴で、一八八六年に量産が始まったという。

その巻き返しの意味もあった。六輪自動車の完成は一九二三年一二月。これは大いに威力を発揮し、急速に改良が加えられると強力な観光の足にもなっていく。一九二四年夏にはパリ＝リヨン＝地中海鉄道会社が、運輸会社のトランスアトランティック会社と協力して、北アフリカをルノーの六輪自動車で巡るツアーを企画するまでになるのである。この情報はシトロエン社のアールのもとにも届けられている。

自動車の歴史に詳しいマリ＝クリスティーヌ・ルクセルは『アフリカのルノー』を著したなかで、アルジェリアの地中海沿いのオランから南アフリカのケープタウンまで、アフリカ大陸を縦断したアルフレッド・ドランジェット*に言及している。製図に優れた能力を発揮したドランジェットは、第一次世界大戦後にはアフリカ縦断鉄道を敷設する下準備の意味も兼ねて、仏領赤道アフリカのより正確な地図を作ろうとする。彼は植民地省の任を得て、秘書役の妻とともにアフリカに旅立つが、伴走したのはルノーの六輪自動車であった。シトロエンのクルージングに比べてはるかに貧弱な装備しかなかったとはいえ、話を先取りするならば、たとえばニジェールのニアメには、シトロエンの遠征隊が到達したわずか四日後にドランジェットはたどりついている。

結果的には、ルノーの車はアフリカ縦断ではシトロエンに先を越され、知名度の点でもそれに遠く及ばなかったわけだが、ルノーの新型自動車も同時代に未整備のアフリカの大地への挑戦に使われていた。のみならず、すでに六輪自

図26　ルノーの六輪自動車 (Rouxel, *Renault en Afrique*, p. 105.)

アルフレッド・ドランジェット　一八七八年〜没年不明。くじ引きで徴兵にあたり、その後、軍人となった。アルジェリアやフランス領コンゴなど植民地の任務をこなしつつ、製図の能力を認められて、ドイツ領カメルーンとフランス領コンゴの間など、

動車を掲げる旅行の企画が立てられていたことは、記憶されてよい。製図という公的任務であれ、観光という新しい分野であれ、アフリカという植民地が同じ時期に、それぞれが活躍する場となっているのであり、その手段として誕生まもない自動車が使われたのは、まさに時代の趨勢に沿うものだったのではないか。

他国の植民地との境界線を画定する任務にもあたった。

新しい交通手段を提供する者たちの間には、熾烈な戦いがあった。それぞれが自らの好機をうかがい、成功物語を作ろうとする熱い時代のなかで、アフリカという未開拓の領域を舞台に、シトロエンがまずはサハラ走行の役目を得たことは、後発の自動車会社としては大きなチャンスだったと、とりあえずは言えるだろう。また以上から明らかだが、それに際して陸軍や植民地省などの組織が、一枚岩となって特定の企業とのみ協力関係を築いたのではない。権力の側でもアフリカ植民地を活用する下地作りを、それぞれの立場からいくつもの経路で模索していた。それはアフリカの輸送ルートの開拓が、いかに急務だと認識されていたかを示してもいる。

7　サハラからサハラ以南へ、そしてアジアへ

それではシトロエンのクルージングと呼ばれるものを、実際に見ていこう。先に述べたようにこれは三回行なわれているが、本書の関心はアフリカにある

ので、ここでは第一回目と第二回目を中心に、概要を追うこととする。

最初のサハラへの遠征に向けてシトロエンは、耐久性があり経済的で、かつ速い新型のエンジンの開発がまず必要だと考えた。その上で、人材の訓練、機材の整備、企画の具体化になすべきことを集約した。燃料や水、食料の補給をどうするのか、どの程度が必要かなど、念入りに検討が重ねられた。これらの補給も駱駝ではなく、自動車で行なうことも決められた。砂漠現地での走行も行なって、状況の確認もしている。

ほぼ一年にわたる準備を経て、サハラ砂漠に向かう一行は一九二二年一二月五日にパリを発った。走行の出発地点と定めたのは、アルジェリアのアルジェからやや東寄りに六〇〇キロほど南下したトゥグルトの街である。総勢一〇人のメンバーは五台のハーフトラックで一二月一七日、この地を出発した。▼サハラ砂漠を南下して、砂漠中央に位置するイン＝サラ、山岳地帯のタマンラセットを通ってフランス領スーダン（現マリ）への境界を越えると、要塞のあるキダルに到着。そして翌一九二三年一月七日、ついに目的地としたトンブクトゥまでの走破を達成した。走行距離は三二〇五キロ、トゥグルトを出てから二一日目という快挙であった。一行は二月一〇日、今度は帰路に向けて旅立つと往路と同じ経路をたどって、三月六日、トゥグルトに無事帰着した（図27）。

五台すべてが往復を成し遂げたこの企画は、大成功であった。前述のように、この遠征には公権力のバックアップがあった。アルジェリアからサハラを超え

▼オドワン＝デュブルイユの娘アリアーヌによる『砂漠のクルージング』（二〇〇五年）には雌のシーリアムテリア、フロシが同行したとある。一行の「お守り（マスコット）」だったフロシは「女性探検家」であり、歴史に位置を占めるべきだとのことである。

図27　砂漠のクルージングの行程図

(Deschamps, *Croisières Citroën*, p. 63.)

て仏領西アフリカ領（AOF）内へ、という旅程を組み立てるには、陸軍省の資料が役に立ったほか、植民地省やアルジェリア、AOFの総督府などからの種々のはからいもあった。事業の完了後、シトロエンが当時の大統領アレクサンドル・ミルラン*への報告に出向くと、大統領は、アルジェリアから行政区域の異なるAOF領内まで、サハラ砂漠を北から南に縦断して結んだことにより、アフリカ植民地の主要拠点の間を確実に、恒常的に、かつ高速でつなぐ基礎を築いたと高く評価した。ちなみに駱駝であれば、トゥグルトからトンブクトゥというのは六〜七カ月ほどかかる旅程だという。こうした快挙には市民からの反響も大きく、シトロエンのサハラ走行は大きな話題となった。

この直後から、すでにシトロエンはスタッフとともに第二のアフリカ走行の企画を練り始める。アフリカ大陸の縦断をめざす「シトロエン＝中央アフリカ遠征」である。この遠征が「黒いクルージング」と呼ばれるようになり、間もなくクルージングという言葉が定着していくことになる。アフリカ縦断の企画は、さらに厳しいものが予想された。走行距離は長いルートで二万キロ近く、しかもその間、砂漠や藪地帯、サヴァンナ、湿地帯、そして森林など、困難な路面が続く。補給も長大な距離にわたって必要である。シトロエンは、本社にアフリカ専門家を招いてアフリカ担当のセクションを作るなど、体制づくりも進めていた。当時、アフリカの専門家の多くは軍関係者だった。シトロエンが招いたなかにはサハラ縦断をシトロエンに提案した当の人物や、北アフリカで

アレクサンドル・ミルラン 一八五九〜一九四三年。一九二〇〜二四年に大統領。

長年歩兵大隊を指揮してきた者などが名を連ねていた。

一九二四年初頭、シトロエンは植民地大臣サローと陸軍大臣アンドレ・マジノ*宛に書簡をしたため、企画を公式に伝えた。公になるとこの遠征には、植民地省、航空閣外相、パリ地理学会、自然史博物館などから公的任務が託されて、サハラの遠征以上に国家がかりの企画という様相を呈するようになる。▼1 遠征隊は、一九二四年一〇月二日にパリを後にした。実質的な出発点は、サハラ砂漠の北端に位置し、モロッコとの国境に近いベシャール（オランから六八〇キロ）であった。一〇月二八日にここを発ったのは八台、一六人である。サハラからの帰還以来、一年半後のこととなる。

彼らのたどる経路は、当初の構想からの変更を迫られていた。出発を前にシトロエンは、ミルランの後継の大統領ガストン・ドゥメルグ*に計画書を提出した。そこでは、エチオピアからアフリカ大陸東岸のフランス領ソマリアを通る経路が予定されていた。この地は、主たるフランス領アフリカからは孤立したところだが、それだけに他とは異なる重要性のある地域である。一八六九年にスエズ運河が開通すると、インドシナへ向かう船の寄港地となり、エチオピアのアディスアベバとの間七八四キロを結ぶ鉄道も、二〇年をかけて一九一七年に完成していた。▼2 植民地を有機的につなぐという意味で、シトロエンはこの地も視野に入れていたのである。

しかし大統領の目は別のところに向いた。インド洋のマダガスカルが行程に

アンドレ・マジノ　一八七七～一九三二年。一九三〇年に建造が開始されたドイツの国境沿いの大要塞、通称「マジノ線」は、この実現に尽力した彼にちなむ。この要塞への過信から、フランスの軍事・外交における消極的姿勢「マジノ精神」が生じた。

▼1　ルノー社も同じ時期に、別の軍関係者とアフリカのルートの開拓を試みていた。

ガストン・ドゥメルグ　一八六三～一九三七年。一九二四～三一年に大統領。

▼2　フランス領ソマリアは、今日のジブチ共和国。フランスは一八六二年にオボック港を入手し、一八八四年以降は占領して支配下においた。敷設された七八四キロの鉄路のうち九二キロがフランス領内を通るが、第二次世界大戦後は自動車に押されていった。他のアフリカ諸国とは異なって、独立は一九七七年と遅かった。

入っていないことである。マダガスカルは、日本よりはるかに大きな島国（五九万平方キロ）だが、インド洋に位置する地政学的重要性の一方で、やはりそれがアフリカ大陸と地続きではないことから、つねに孤立した扱いとなっていた面は否めない。出発は数日後にせまっており、行程の修正が可能かどうかは、この遠征全体を統括していたアールに委ねられた。結果を先回りすると、アールの手腕のおかげでこの遠征に参加した車すべてが、最後はマダガスカルにまでたどり着くことになる（図28）。

出発した一行は、フランス領スーダンを通りニジェールまで南下した後、東に折れてイギリス領ナイジェリアの北側を通り、その後南東に中央アフリカへと向かうと、まずはベルギー領コンゴを通過。さらにはイギリス領のタンガニーカにいたった。

ここからは二台ずつ四隊に分かれ、異なる経路を通って最終目的地マダガス

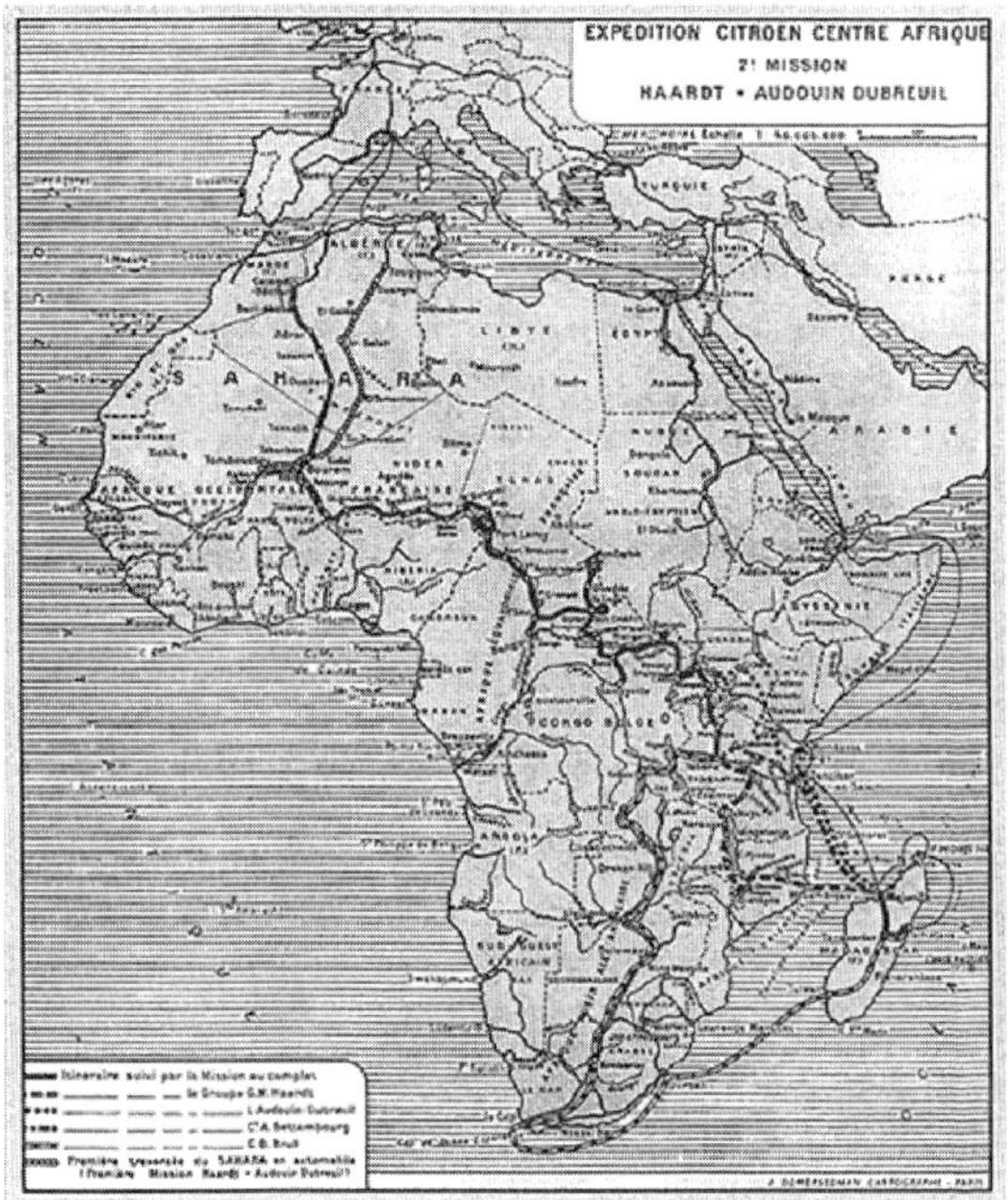

図28　アフリカのクルージングの行程図
（Deschamps, *Croisières Citroën*, p. 211.）

カルのタナナリヴォ（アンタナナリヴォ）をめざすことになる。まずは第一グループの二台が、イギリス領ケニアのモンバサを経由するルートをとるために東に進んでいった。続いてヴィクトリア湖を渡ったところで、さらに三隊に分かれた。第二グループは、第一次世界大戦でドイツ領からイギリス領となったタンザニアのダルエスサラームを、また第三グループはポルトガル領のモザンビークを通って、マダガスカルに向かう。▼最も長距離のルートをとった第四グループの二台は、一万八〇〇〇キロ以上を走破して、八月一日に南アフリカのケープタウンにたどり着いた。マダガスカルへの到着は八月一五日。もちろん最も遅いゴールへの到達だった。

以上の経路からも明らかだが、アフリカ大陸の縦断は、フランス領を通っただけでは達成できなかったことに注意しておこう。他国の領域を通過するに当たっては、外務省や植民地省があらかじめ折衝の任にあたった。これは官民の緊密な協力関係が、顕著に表れた点の一つである。

八台のハーフトラックによる壮大な遠征は、やはり大成功だった。黒いクルージングと命名されたこともあり、サハラのとき以上に人口に膾炙した。シトロエンは「これでアフリカ全体が自動車に開かれた」と後に述懐している。そしてシトロエンの野心はこれで終わらず、今度は「文明の揺籃の地」中国をめざす。「黄色いクルージング」である。七台が北京から、別の七台がベイルートから出発し、ウルムチで見事合流を果たしたものの、多くの苦難に見舞われて、

▼以上の経路のなかでも、当時はモザンビークとマダガスカルを結ぶ航路はなかったため、シトロエンは特別に「ガリエニ元帥号」を通常の航路を変えて運航する便宜を図ってもらったという。

帰路の香港ではシトロエンの遠征を中心に担ってきたアールが没するという悲劇もあった。アフリカ大陸を外れるので別の機会に改めて取り上げたいと思うが、さまざまな成果をもち帰り、それらが高く評価されて、パリ地理学会の顕彰事業で金賞を獲得したことのみ、記すしだいである（一九三三年）[1]。

8　駱駝からシトロエンへ

以上のようなシトロエンのクルージングが歴史的にもつ意味について、どのように考えたらよいだろうか。これまでと重複する点もあるが、まずは四点ほどに整理される。

はじめに、最初の砂漠のクルージングによる成果を、改めて記しておこう。アルジェリアと仏領西アフリカの間を結ぶ実践的な手段を見出せたこと、それによってサハラ砂漠の拠点が今後は孤立することなく、他の地域と連携して行動できるようになったこと、まずは以上が指摘されよう。シトロエンはその意味で、砂漠の安全保障も確保されたという。しかもこの成功は、他の交通手段にも有意義な結果をもたらした。地形の計測が進み、鉄道敷設に関する調査を遂行しただけでなく、航空機についても万一のための燃料補給の手段が確保されたために、安定した運航を可能にする、と考えられたからである。当初の遠征の目的は、十二分に達成されたと言えるだろう。

▼1　パリの地理学会は創設（一九二一年）の間もなく後から、すぐれた探検を対象とする顕彰事業を長年続けてきていた（本書第2章七四頁、トンブクトゥの注を参照）。

シトロエンは、「駱駝は終わった。シトロエンがそれにとって代わるのだ」と述べている。第一回の遠征においては砂漠の征服が最大の課題であったことを考えれば、車という新しい手段が新しい時代の幕開けとなったことを、端的に語る言葉となっている。

第二に、シトロエンのクルージングと呼ばれる企画が、公権力や公的組織と一丸となって行なわれたことである。シトロエン社は、補給も含めて走行の技術的側面については自力でやったとはいえ、すでに記してきたように、遠征の準備段階も含めて陸軍省や植民地省などから実践的な情報を得ていた。そうした公権力の支援があることは、一般にも報道されている。この走行を報じた地方新聞には、植民地省、陸軍省、関連する植民地の総督たちは、シトロエン氏に可能な限りの支援を約束したのであり、「植民地問題に関心のある者は誰でも強い興味をもって、この遠征の行方を追うだろう」と記したものもある。▼2 フランス領アフリカへの車による挑戦を、関連する公的機関がバックアップすることは、一般にも当然のことと受け取られたのではないか。

遠征が成功裡に終わった後に行なわれた種々の催しは、まさにそうした遠征のあり方を浮かび上がらせた。砂漠のクルージングについては、パリ市庁舎でのレセプション、アンリ・グロー将軍*が主宰するソルボンヌ大学での講演、大統領を迎えてのシャンゼリゼ劇場での盛大な夜会、地理学会での講演、さらには地方都市での講演など、シトロエンは精力的にこなしている。当初から公的

▼2　フランス南西部のアキテーヌ地方で刊行されていた新聞『ラ・プティット・ジロンド』である。

アンリ・グロー　一八六七～一九四六年。アフリカで長く活躍した軍人。一九世紀末にはフランスを悩ませたサモリ・トゥーレ（一八三〇ごろ～一九〇〇年）とも戦った。

機関が関与していなければ、これほどのものは開催されなかっただろう。

二度目のアフリカ縦断に際しては、シトロエンは公的任務をいくつも受けている。サハラに続くこの遠征では、アフリカ大陸のさらに奥地まで車で入っていくことが第一の任務だったが、それに加えて、植民地省からは行く先々についての現状調査を、航空閣外相からは航空機と自動車が連携しながらアフリカ大陸の拠点を結ぶ可能性についての調査を、パリ地理学会と自然史博物館からは、これら省庁からの命を補完するような任務を、それぞれ託されての旅立ちだった。

そうした意味も含めてこの遠征はさらに大規模な企画であり、それゆえに帰還後の催しもさらに盛大だった。たとえば、遠征隊が持ち帰った映像の上映会を告知するポスターが残されているが、上映会は大統領と地理学会が共同で後援する盛大な夜会として行なわれたもので、しかも「[第一次世界」大戦の戦争未亡人を支援する会のために」と記されている。前述のように、最初のサハラ遠征は大戦期の経験から導かれたものだったが、このような文言は、アフリカがいかに第一次世界大戦と結びつけられる存在であったのか、その一端を示す結果ともなっていよう。

同時に、二〇世紀のフランスにとっていかにアフリカが重要な存在となっていたか、再認識させるものではないだろうか。『シトロエンのクルージング』を著したエリック・デシャンは、「ハーフトラックは、フランス植民地帝国を救うためにある。もはやこれは産業の問題ではなく、愛国心の問題だ！」と評している。歴史家ではないデシャン*の筆は、やや無邪気に過ぎる感を与えるが、かえって当時の時代精神を今日において代弁しているとも思われる。

ついでながら官民の協力という点では本書第2章で、画家リュシーがアフリカに旅立つ際に植民地大臣サローの支援を得たことについて、民間の交流を「官」が支えている構図があると指摘した。アフリカはまだこれから開発すべき広大な領域であり、サローが『植民地の活用』で記していたように、多様な分野で大きな可能性をもつと考えられた。リュシーのような個人のレベルも含めて、官民がさまざまなレベルで、またさまざまな分野で協力しつつ、それぞれの立場から「活用」する方途を切り開いていくというのは、分割のための征服戦争がなくなった戦間期という時代の一面を表していよう。アフリカは現実的に官民が協力しうる、あるいは協力すべき重要な場であり、そのことがさらなる展望を開くという期待もあっただろう。その意味でもシトロエンのクルージングは、第一次世界大戦「後」の時代を象徴していたとみてよいのではないだろうか。

第三に、協力関係はフランスという一国の官民の間で行なわれただけではなく、他の植民地保有国との協力が進められた点も忘れてはならない。第二回目のアフリカ縦断の遠征において、他の宗主国の領域も通過したことを記したが、従来から植民地帝国を有する列強同士は、領土の奪い合いに終始したのではな

エリック・デシャン　一九三四年〜。航海士で写真ルポライターである。

く、たとえば非ヨーロッパ圏の被支配の側からの抵抗には、協力してヨーロッパの利害を守る行動も広く展開してきた。

第一次世界大戦後の時代には、さらに協力関係が模索されていく。そもそも大戦で戦場となったフランスは大きく疲弊していたうえに、戦後一〇年ほどでアメリカ発の大恐慌が世界規模に広まってくると、フランスが一国でアフリカ植民地を維持するのが困難だという悲観的な見方も、アフリカ専門家から出されるようになる。彼らの間から提案されたのが、ヨーロッパ諸国が協力してアフリカを維持、開発しようという構想、いわゆる「ユーラフリカ」構想*であった。無論のこと、シトロエンの遠征はそうした企図に何ら関係はしないのだが、とりわけ「黒いクルージング」をみるならば、ヨーロッパ列強間の協力関係は、民間も巻き込んで進められた一つの例とも位置づけられる。そうした視角もまた、シトロエンの試みを時代のなかにおき直す作業につながるだろう。

第四に、シトロエンのクルージングが一般に広く関心を買ったことに目を向けておきたい。それにはシトロエンの宣伝も少なからず奏功したようである。最初の遠征に際し、このような企画が会社の宣伝となることに、シトロエンはきわめて意識的であった。まずは、一行のパリ出立を数日後に控えた一九二二年一二月一日、シトロエンは政界や法曹界、産業界など各界の重鎮が集まる会合で講演した際に、サハラ砂漠をハーフトラックで縦断する計画を公表した。実際に遠征隊が出発すると、今度は彼らから届く電報に基づいて、その様子が

「ユーラフリカ」構想
ユーラフリカは、ヨーロッパとアフリカからの造語。一九三〇年代のフランスで流布された構想だが、これには、ドイツの植民地返還要求に対して、返還はしないが開発のためにドイツにもアフリカを開放する、という意味合いもあった。こうした思想は一九五〇年代にヨーロッパ統合が議論される時代まで底流として続いていく。前掲拙著『フランス植民地主義と歴史認識』、第五章「「ユーラフリカ」――ヨーロッパ統合のなかのフランス領アフリカ」を参照。

また多くのメディアで逐一報道され、冒険への関心をかき立てた。『プティ・パリジャン』紙は特派員を派遣するほどの熱の入れようだった。トンブクトゥ到達の第一報は、同紙の記者から届いたものである。シトロエンは、「記憶に残るところだろうが、あらゆる新聞がこれについて書き、人びとは毎日、どの行程に今日はあるのかを追って熱狂した」と追想している（図29）。

　この企画が一般市民の間でも大きな関心を集めたことは、これを支持する多くの手紙がシトロエン本社に届けられるようになったことにも看取される。息子が北アフリカの騎兵隊にいるからと、寒いサハラの夜のために毛布まで送ってきた女性までいた。

　シトロエンのパフォーマンスにも念が入った。砂漠のクルージングは、それまで車が走行したことのない地域にまで踏み込んで、トンブクトゥをめざすものだった。往路走破の朗報が届くと、シトロエンは喜びを分かち合うとして、技術者のケグレスと、息子二人を遠征に参加させているエティエンヌ将軍、それに妻をも同行して、自らサハラに赴いた。そして砂漠のオアシスの街イン＝サラの南方に位置するタジムートで、トンブクトゥから戻ってくる一行を待ち受けて再会を果たすと、一足早くパリへと取って返し、今度は彼らを出迎える祝賀の準備に奔走する。その一部が、先に掲げた種々のものである。シトロエンが現地の砂漠に赴くというパフォーマンスは、まさに「シトロエンが駱駝にとって代わった」ことを、身をもって示すものだったと言えるだろう。

図29　シトロエンのサハラ縦断を伝える『ル・プティ・ジュルナル』紙
(Deschamps, *Croisières Citroën*, p. 71.)

9　フランスの「風景」として

こうしてアフリカへの関心が高まり、車の技術の進展とともに、その非日常の世界がずっと身近な存在と感じられるようになったことは、戦間期のフランスにおける時代の空気と言ったらよいだろうか。遠いアフリカも夢想するだけではなく、現実に訪れるのが可能な世界になったこと、現地では車という手段が移動を保証してくれること。こうした条件がそろうなら、まだ一部の人にとってのみとはいえ、それが観光という事業につながるのは必然だと思われる。本章第4節で、ルノーの六輪自動車が運輸会社などの企画で観光の手段として組み込まれた事例をあげたが、それは支配領域が安定し、そこへの交通手段が整ってきた戦間期という時代を特徴づけてもいる。以下ではさらにこの側面から、考えていこう。

アフリカを舞台に観光産業を興すというのは、じつは植民地省のめざす方向でもあった。シトロエンが黒いクルージングに関して植民地省から託された任務は、行く先々の経済や政治、また衛生といった観点からの報告書を提出することだが、経済や政治と並んで「観光」も一つの重要項目としてあげられていたのである。観光は、植民地帝国を一般市民にも開放すると同時に、それに関連する新たな産業の振興にもなるのであり、確かにきわめて魅力的な「植民地活用」の一つの手法である。

ところで観光を進めるには、訪れる先が旅を計画する者たちに魅力的に映らなくてはならない。その点で興味深いのは、遠征隊が豊富にもち帰った写真である。シトロエンのクルージングに関しては分厚い書物がいくつも刊行されているが、いずれも多くの写真を掲載している。たとえばオドワン＝デュブルイユの娘アリアーヌが、地理学会に残されたものも含め、父たち一行による資料をまとめて一連のクルージングについて、浩瀚な書物を上梓している。▼それらは『砂漠のクルージング』（二〇〇五年）にせよ、『黒いクルージング』（二〇〇四年）にせよ、どれもふんだんに現地の写真を盛り込んである。掲載されるそれら数々の写真は、単にアフリカの大地を背景にしたハーフトラックとその乗員を写すだけではない。少なくないものに、アフリカ現地の人びとが収められている。彼らの生活の様子を写し出したものもあれば、遠征の途上にあるフランス人と彼らが交流している場面もある。現地の人びとの慣習や生活についての調査は、パリの地理学会から与えられた任務でもあったので、それに応える意味もあっただろう。

そうした目的はさておき、ハーフトラックを取り囲む人びと、あるいは川を渡ろうとするハーフトラックに手を貸す人びとの姿からは、アフリカがフランスの植民地という場であること、つまり支配／被支配関係がその基盤にあるはずであることなどは感じさせない。そこにあるのは大半が、ただアフリカとい

▼アリアーヌが刊行した『黄色いクルージング』（二〇〇二年）は、二〇〇三年にジュール・ヴェルヌ賞を受賞した。その後、『砂漠のクルージング』（二〇〇五年）と『黒いクルージング』（二〇〇四年）と、刊行が相次いだ。ちなみにアリアーヌは、ルノー本社のあるブーローニュ・ビヤンクール市の助役である。

う異世界の情景であり、最新の技術をもって「冒険」に出かけたフランス人と彼らの交流の姿である。アフリカ人の「日常」は、フランス人の目には「非日常」の世界と映るだろう。それは今日の私たちが、若干の冒険心も抱きながら南の島へヴァカンスにでかけるのを夢想するのと、何ほどの違いがあるだろうかという感もする（図30、31、32）。

シトロエン自身が、自らの砂漠の遠征を振り返って、一大観光事業を展開する準備ができたと記している。観光産業が楽観的に、また現実的に展望されるようになったことは、植民地がもはや国益という言葉で語られる政治や経済の領域に閉ざされたものでなく、まさに人びとに身近な存在となったことを示している。言葉を換えれば植民地アフリカは、地面をつたって人びとの間に入り込むことのできる自動車によって、それまでよりも格段に多くの情報がもたらされたこともあいまって、人びとの意識により顕在化した。この時期、シトロエンのクルージングを通して、広大なアフリカ植民地は「大衆」に肯定的に受容されたのであり、少なくとも実際に訪れる可能性が開かれた、つまり手の届く範囲のものになった。そうした意味も含めてアフリカ植民地への認識が、フランス人の間で「大衆化」したと言えるのではないか[▼1]。

先に引用したルクセルの『アフリカのルノー』にも、類似の写真が豊富に掲載されている。沿道に列を作って車を眺める人びと、カメラの前でともにポーズをとる人びとなど、それらは見慣れないものに興味深げに集まってくる、普

図30　ウバンギ＝シャリで故障し、地元の鍛冶屋に助けてもらうハーフトラック
(A. Audouin-Dubreuil, *La Croisière des sables*, p. 68.)

▼1　ちなみにフランスでも人気を博した漫画『タンタンの冒険』には、タンタンがアフリカに行った物語もある。作者はベルギー人エルジェで、ベルギー領コンゴが舞台だが、最初に発表されたのは一九三〇年だった。

通の人びとである。戦場で戦ったアフリカ人と、写真に写るアフリカ人をつなぐものは、よく見えてこない。平穏な場としてアフリカの姿が宗主国フランスの人びとの間に流布されたことからは、植民地が「大衆化」されると同時に、フランスで想起される「風景」の一部になったとの感ももたされる。アフリカ観光が、この時期に一般化したと主張したいわけではない。穏やかなアフリカのイメージが、少なくとも実現可能となった観光への夢とともに、フランス社会に届けられたという方が、もう少し当を得ているだろう。

第一次世界大戦から発想された砂漠の走破は、「黒いクルージング」のような大きな企画にまで膨らんだ。それが可能になったのは、一つには「駱駝からシトロエンへ」、つまりは駱駝から自動車へという技術の進展があったからでもある。フランスにおいて植民地アフリカは、流血をともなって征服する場としてではなく、新しい技術の助けも得て、本国に夢を運ぶ異国情緒あふれる地としての姿を現し、そのようなものとして本国フランスの人びとに伝えられた。それがシトロエンのクルージングのような行事を通してのことであったというのは、何とも能天気にも思われる。

シトロエンはサハラ縦断に成功すると、これを総括してフランス産業界の力とフランス人の勇気を示したと賞讃した。そして何よりも継続的な仕事となったことに最大の満足を表明し、「建設者は死んでも、寺院は残る」という言葉を引用している[▼2]。クルージングを担った者たちはいなくなっても、自動車走行

図31　イギリス領ニヤサランドをアフリカ人の手を借りながら進むハーフトラック（A. Audouin-Dubreuil, *La Croisière noire*, p. 124.）

▼2　南仏の詩人フレデリック・ミストラル（一八三〇〜一九一四年）の詩の一節。

という実質的な方法は残るということだろう。そこにアフリカ自体の事情が考慮されているようにはみえない。植民地アフリカの存在は、第一次世界大戦後という新しい時代の前提として捉えられている。それはやはり、当時の植民地へのまなざしを象徴しているのではないだろうか。

図32　マダガスカルからの出港
(A. Audouin-Dubreuil, *La Croisère noire*, p. 134.)

おわりに

本書では、第一次世界大戦の前後に連続性をみるという立場から、フランス領サハラ以南アフリカに焦点を当てて考察を進めてきた。その要点を繰り返すことはしないが、少なくともフランス領アフリカを通してみるかぎり、植民地支配の正当性が揺らいでいるという認識がフランスに生じたとは言い難い。そのような観点から以下に補足的に述べておきたい。

第一次世界大戦が終わると、戦争に動員された人員は、兵士にせよ労働者にせよ、原則として出身地に送り返された。フランスに残留して「移民労働者」の先駆けとなったケースも少なくないとはいえ、大戦後にフランス本土に姿を見せる植民地出身者は、基本的には戦後に渡って来た者たちである。なかにはわずかながらアフリカ人もいた[1]。植民地の人びとは出身地域を越えて集い、ともに活動をしようとするが、彼らの数が増すとそうした団体も増えて[2]、フランス領にとどまるなかで市民権を求めるもの、フランス支配を離れて独立を求め

▼1 在仏の黒人はマダガスカル出身者を合わせて、一九二四年に三六二人、一九三二年に八九四人、あるいは一九二六年に二〇一五人などという数字がある。

▼2 一九二〇年に創設されたフランス共産党が母体となってそうした団体を作った場合もあるが、「アフリカの友愛(Fraternité africaine)」、「黒人種防衛委員会(Comité de défense de la race nègre)」など、アフリカ人自身の組織も作られた。

るものなど、めざす方向はそれぞれに異なった。

これらの運動がどれほどの影響力をもったかについては、慎重に見極めなければならないものの、戦間期のような時代状況の下で、アフリカ人の政治・社会的要求がフランス人の耳に届いたか否かは、疑問なしとはしない。本書では、アフリカ人の意識の変化に十分踏み込んでいないが、戦間期において民族主義的な運動は、植民地においてもフランス本国においても、抑圧された。また民族運動が、一律に独立を目指したわけでもない。それらも含めて考えれば、戦後のフランス社会において、植民地に向けるまなざしの変更が迫られるような状況を見出すことは、やはり困難である。

イギリスの例も少し参照しておこう。イギリスの個々の事情に精通しているわけではないが、英仏両者の植民地帝国の大きな相違の一つは、白人入植植民地の有無にある。大戦当時、イギリスの自治領となっていたそれらは、イギリス帝国内における地位の向上、すなわちより自立的な地位の獲得をめざして、積極的に戦争に加担した。戦後に旧ドイツ植民地を委任統治領として手に入れたことは、それらの戦後における位置を表す一つの指標となっていよう。ここに帝国主義の連続性を見ることができる。

しかし逆に、植民地と本国との中間に位置するこのような自治領の存在は、イギリス本国に対しては帝国に向ける意識の変更を迫る性質をもっていた点にも注意すべきだろう。自治領が地位の向上を求めることはもはや止められず、本国政府は対応を余儀なくされるからである。一九三一年には自治領の地位をイギリスと同等と認めるウェストミンスター憲章が成立したし、またこの時期には英語に脱植民地化という言葉も生まれている。▼そうした側面からすれば、第一次世界大戦はイギリスにとって、少なくとも「帝国」の再考を促す要素が多分にあったと考えられる。白人自治領以外の地域に向けるまなざしも別途考えなければならないのはもちろんだが、たとえばイギリス領植民地であるインドが国際連盟に加盟したという事実は、十分に考慮されるべきであろう。

対してそのような領域をもたなかったフランスの場合、植民地に向けるまなざしを修正する契機は、相対的に乏しかったことが浮き彫りになる。本書でふれたように、第一次世界大戦を通して、支配者としての「自覚」が民間においても、「無意識のうちに」高まった面すらある。ヨーロッパ諸国と協力してアフリカの開発を進めるという、戦間期に生じた動きにしても、第一次世界大戦を経て国際的な力の低下したフランスが、植民地を維持するために新たな方途を模索した結果である。あるいは、大戦後の世界で覇権がアメリカに移るなか、戦場となったフランスにおける没落感が、もてる植民地を活性化する方向を強化したと言い換えてもよい。

他方で第一次世界大戦後にも帝国主義的行動を継続し、むしろ深めた日本については一般に、「外に帝国主義、内に立憲主義」とする表現がある。フランスはどうだろうか。フランスは国際舞台においては、たとえば「満洲国」を承認

▼「脱植民地化」の英語での初出は、M・J・ボン『帝国の崩壊』（一九三八年）だとされる。フランス語では第二次世界大戦後の一九五〇年代に使われ始める。

しなかったし、続く第二次世界大戦にまで視野を広げるなら、「民主主義」陣営の一員として、枢軸国側と対立した。

しかし植民地をめぐっては、第一次世界大戦後に認識の転換が生じたとは言い難いのに加えて、ドイツに占領された第二次世界大戦期には、親独派のヴィシー政権と対独派のドゴール陣営の二派に分裂して、フランスの主権下に残された植民地を奪い合う展開となった。[1] 言うなれば植民地は、もっぱらフランスの「内部の問題」として扱われている。そのような点に注目するなら、フランスの場合は「外に向けては民主主義、内に向けては帝国主義」とでもなるのではないか。そして日仏両者の差は、結局のところ、すでに「もてる国」であったかどうかということに収斂するとも思われる（図33）。

それでは今日から振り返って、フランスのまなざしが変化する契機は、いつ訪れたのだろうか。あるいはまだ訪れていないだろうか。第二次世界大戦後は、植民地をめぐる状況が大きく変わる事態が相次いだ。インドシナ戦争やアルジェリア戦争はもとより、アジア諸地域の独立、一九五五年のバンドン会議、フランス領アフリカ諸国を主とする「アフリカの年」（一九六〇年）[2] 等々、画期となる出来事はいくつもある。しかしアフリカ諸国に目を向けるなら、独立した地域が順風満帆の国家運営となったわけではなく、冷戦を背景に政治・社会的要因による内戦、さらには貧困が構造化された世界情勢も相まって、厳しい状況が続いてきた。

▼1 前掲拙著『フランス植民地主義と歴史認識』第一章。

図33 一九四五年に出版された『フランスとその植民地の初歩』に掲載された図版
「植民地軍の忠誠がフランスの解放に貢献した」と記されている。

一九九〇年代に冷戦が崩壊してグローバル化が一層進むと、ヨーロッパ諸国が政情不安定なアフリカに介入する事例も増えていった。そうしたなかでスイスの週刊誌『レブド』（二〇〇四年一月一五日付）は、「白人の帰還」と題する記事を掲載し、「アフリカを再植民地化すべき」ではないかといった論調が、一九九〇年代以降のヨーロッパで勢いを得ていると、いくつも実例をあげながら指摘している。また国際政治の研究者の間などからは、国際連盟の委任統治という制度は植民地支配とは異なるもので、主権国家として国際社会に対応できない混沌とするアフリカに対しては、委任統治や後の国連の信託統治を参照しつつ、何らかの国際管理の形態を導入すべきではないかとの声が上がってもいる。なぜアフリカに「破綻国家」が多いのかという歴史を考慮することなく、こうした議論が行なわれているのも、一つの現実である。

最後にフランス領アフリカからもう一度考えておくなら、この地は奴隷貿易の拠点とされた一部を除けば、帝国主義の時代にヨーロッパ列強の勢力角逐の場に引きずり込まれてフランス支配に組み込まれ、それゆえに第一次世界大戦に巻き込まれ、大戦後は広い分野から開発、活用の対象となっていった。つまり、一九世紀末の帝国主義の時代から被支配領域として宗主国フランスの後背地の役割を担わされたのみならず、フランスへの従属的な関係は第一次世界大戦を通して強化された。そうした流れは、二度目の世界大戦を経て二一世紀の今日にいたるまで、さして変わっていないように見える。

▼2 フランス領サハラ以南アフリカは、一九六〇年に一四カ国が独立し、うち一二カ国がフランスの憲法改正によって、旧ドイツ領だった残る二カ国は、第二次世界大戦後に国連の信託統治となっていたことから交渉で、独立が達成された。

他所でも指摘したことだが、植民地セネガルの出身でフランスの上院議員だったウスマヌ・ディオプを引いておこう。一九五〇年にヨーロッパ評議会諮問議会にフランス代表として出席したディオプは、自身の報告書「シューマン・プラン*とアフリカ」のなかで、アフリカとヨーロッパの「相互依存」の起源を一八八五年のベルリン会議*に求め、これを契機に両者の関係は地理的、歴史的現実に刻まれてきたと述べる。その結果一九五〇年現在、ヨーロッパはアフリカを市場や資源の供給地として必要とする一方、アフリカは発展のためにヨーロッパを必要としているとして、ヨーロッパ石炭鉄鋼共同体の基になるシューマン・プランを、アフリカに適用する可能性に言及しているのである（ディオプから海外領土大臣宛一九五〇年八月二一日付書簡に添付、国立海外領土史料館）。

ディオプの見解がすべてを言い当てているのではないにせよ、その後一九六〇年に独立したセネガルはじめサハラ以南アフリカ諸国は、旧宗主国フランスとの連携を求めてフランス語を軸に集う国際組織の創設を進めてもいく。▼「相互依存関係」の実態がどのようなものかは、十分に探究すべきであるが、このように展開される歴史をみると、フランス領アフリカの歴史は帝国主義時代のベルリン会議から現代まで、通底するものがないかという感をもたざるをえない。

必要なのは、第一次世界大戦が大きな時代の転換点となったことを前提して、植民地支配に関連しても、この戦争が将来の脱植民地化の起源となったのかど

シューマン・プラン
一九五〇年にフランス外相ロベール・シューマンがヨーロッパ石炭鉄鋼共同体の創設を提唱したもの。これは今日の統合ヨーロッパの大きな出発点となった。

ベルリン会議
一八八四〜八五年にドイツの宰相ビスマルクがアフリカ分割に関して開いた国際会議。アメリカを含め一四カ国が参加した。

▼ヨーロッパ統合とアフリカ、およびフランス語を軸に集う国際組織、フランコフォニーについては前掲拙著『フランス植民地主義と歴史認識』第五、六章参照。

うかを議論することではあるまい。それよりは、アフリカがヨーロッパに短期間に支配されていく、まさにベルリン会議前後の帝国主義時代から今日に至るまで、どのように両者は関わり合い、どのような歴史が展開されたのかというという側面を軸にして、第一次世界大戦がアフリカの歴史に、ひいては世界の歴史にどのような意義をもつのかを問い直す姿勢が、求められるのではないだろうか。少なくともフランス領アフリカを通して考えるならば、一体化した世界の歴史を多面的に捉えるまなざしの必要性に、突き当たると思われる。

参考文献

未公刊史料

Archives du Ministère des Affaires étrangères, La Courneuve
Direction des affaires politiques, Afrique 1918-1940
Archives diplomatiques, SDN
Centre d'archives d'outre-mer, Aix-en-Provence
Fonds ministériels, Affaires économiques
Société de géographie (Bibliothèque nationale de France, Richelieu), Paris
Correspondance 1927 (jusqu'à 1934)
2e Mission Citroën, La Croisière noire, 1926 et Mission Centre-Asie

同時代文献

Bruno, G., *Le tour de la France par deux enfants*, Paris, Belin, 1877, reproduit en 1977.
Bruno, G., *Les enfants de Marcel*, Paris, Belin, 1948 (1ère éd., 1887).
Bulletin Citroën, no.100, décembre 1932 (Numéro spécial consacré à l'exposition des expéditions Citroën Cetnre-

Asie et Centre-Afrique, Mission Haardt et Audouin-Dubreuil)

Bulletin Citroën, no. 102, février 1933.

Cousturier, Lucie, *Des inconnus chez moi*, présentation par Roger Little avec une préface de René Maran, Paris, L'Harmattan, 2001 (1ère éd., Paris, Editions de la Sirène, 1920).

Cousturier, Lucie, *La Forêt du Haut-Niger*, Paris, Les Cahiers d'aujourd'hui, 1923.

Cousturier, Lucie, *Mes inconnus chez eux*, vol. 1, *Mon ami Fatou, citadine*, Paris, F. Rieder, 1925.

Cousturier, Lucie, *Mes inconnus chez eux*, vol. 2, *Mon ami Soumaré, laptot*, Paris, F. Rieder, 1925.

Damas, Léon-Gontran, *Pigments-Névralgies*, Paris, Présence Africaine, édition définitive, 2003 (*Pigments*, 1ère éd., Paris, G. L. M., 1937).

Diallo, Bakary, *Force-bonté*, préface de Mohamadou Kane, Abidjan/Paris, Agence de coopération culturelle et technique, 1985 (1ère éd., Paris, F. Rieder, 1926).

Haardt, Georges-Marie et Louis Audouin-Dubreuil, *Le raid Citroën: la première traversée du Sahara en automobile, de Tougguart à Tombouctou par l'Atlantide*, Introduction d'André Citroën, Paris, Plon, 1924.

Haardt, Georges-Marie et Louis Audouin-Dubreuil, *La Croisière noire: Expédition Citroën Centre-Afrique*, Paris, Plon, 1927 (réédition, Evreux, Le Cercle du bibliophile, 1971).

Hardy, Georges, *Une conquête morale: l'enseignement en A. O. F.*, présentation de Janet-Patricia Little, Paris, L'Harmattan, 2005 (1ère éd., Paris, A. Colin, 1917).

Mangin, Charles, *La force noire*, Paris, Hachette, 1910.

Reclus, Onésime, *Lâchons l'Asie, prenons l'Afrique: où renaître? et comment durer?*, Paris, Librairie universelle, 1904.

Sarraut, Albert, *La mise en valeur des colonies françaises*, Paris, Payot, 1923.

Sonolet, Louis et A. Pérès, *Moussa et Gi-gla: histoire de deux petits noirs*, Paris, Armand Colin, 1916.

Sonolet, Louis, *Les aventures de deux négrillons*, Paris, Armand Colin, 1924.

Valois, Georges, "L'Afrique: chantier de l'Europe", *Cahiers bleus*, 27 juin - 4 juillet 1931.

研究書

Andrivon-Milton, Sabine, *La Martinique et la Grande Guerre*, Paris, L'Harmattan, 2005.

Antier-Renaud, Chantal, *Les soldats des colonies dans la Première Guerre mondiale*, Rennes, Editions Ouest-France, 2008.

Audoin-Rouzeau, Stéphane et Jean-Jacques Becker (dir.), *Encycolpédie de la Grande Guerre 1914–1918*, Paris, Bayard, 2004.

Audouin-Dubreuil, Ariane, *La Croisière noire*, Grenoble, Glénat, 2004.

Audouin-Dubreuil, *La Croisière des sables: sur les pistes de Tombouctou*, Grenoble, Glénat, 2005.

Boubin-Boyer, Sylvette, "La Nouvelle-Calédonie durant la Première Guerre mondiale", in S. Boubin-Boyer (dir.), *Révoltes, conflits et guerres mondiales en Nouvelle-Calédonie et dans sa région*, tome 2, Paris, L'Harmattan, 2008.

Briano, Alexandre, *Les travailleurs coloniaux: les oubliés de l'histoire 1916–1920 et 1939–1953*, Toulon, Les Presses du Midi, 2008.

Carlier, Claude et Guy Pedroncini (dir.), *Les troupes coloniales dans la Grande Guerre*, Paris, Economica, 1997.

Christian, Marie et Etienne, *La Croisière blanche: à l'assaut des montagnes rocheuses*, Grenoble, Glénat, 2010.

Cissé, Ousseynou, *Mame Thierno Birahim (1862–1943): frère et disciple de Cheikh Ahmadou Bamba*, Paris, L'Harmattan, 2001.

Conklin, Alice L., *A Mission to Civilize: The Republican Idea of Empire in France and West Africa: 1895–1930*, Stanford, Stanford University Press, 1997.

Conrad, Sebastian, *German Colonialism: A Short History*, Cambridge, Cambridge University Press, 2008.

Deroo, Eric et Antoine Champeaux, *La force noire: gloire et infortunes d'une légende coloniale*, Paris, Tallandier, 2006.

Deschamps, Eric, *Croisières Citroën: carnets de route africains*, Boulogne-Billancourt, E. T. A. I., 1999.

Dewitte, Philippe, *Les mouvements nègres en France: 1919–1939*, Paris, L'Harmattan, 1985.

Dieng, Amady Aly, *Blaise Diagne: député noir de l'Afrique*, Dakar, Chaka, 1990.

Dieng, Amady Aly, *Histoire des organisations d'étudiants africains en France: 1900–1950*, Paris, L'Harmattan, 2011.

Dieng, Amady Aly (dir.), *Les étudiants africains et la littérature négro-africaine d'expression française*, Bamenda, Langaa RPCIG, 2009.

Dor, Patirce, *Histoires d'autos: essai d'histoire sincère de deux grands industriels*, Paris, Editions des écrivains, 2001.

Duglas, R. M., *Imperialism on Trial*, Oxford, Lexington Books, 2006.

Duval, Eugène-Jean, *L'épopée des tirailleurs sénégalais*, Paris, L'Harmattan, 2005.

Echenberg, Myron, *Les tirailleurs sénégalais en Afrique occidentale française: 1857–1960*, Paris/Dakar, Karthala/Crepos, 2009.

Farwell, Byron, *The Great War in Africa: 1914–1918*, London/New York, Norton, 1986.

Fogarty, Richard S., *Race and War in France: Colonial Subjects in the French Army, 1914–1918*, Baltimore, Johns Hopkins University Press, 2008.

Frémeaux, Jacques, *Les colonies dans la Grande Guerre: combats et épreuves des peuples d'outre-mer*, Saint-Cloud, Soteca 14–18 Éditions, 2006.

Frémeaux, Jacques, *De quoi fut fait l'empire: les guerres coloniales au XIX*^{e} *siècle*, Paris, CNRS, 2010.

Frerejean, Alain, *André Citroën, Louis Renault: un duel sans merci*, Paris, Albin Michel, 1998.

Fridenson, Patrick, *Histoire des usines Renault,* tome 1, *Naissance de la grande entreprise: 1898–1939*, Paris, Seuil, 1972.

Gbikpi-Benissan, François, *Le système scolaire au Togo sous mandat français*, tome 1, *La mise en place*, Paris, L'Harmattan, 2011.

Girardet, Raoul, *L'idée coloniale en France de 1871 à 1960*, Paris, La Table ronde, 1972.

Guéno, Jean-Pierre (dir.), *Paroles de poilus: lettres de la Grande Guerre*, édition intégrale, Paris, Tallandier, 2013.

Guèye, Cheikh, *Touba: la capitale des mourides*, Dakar/Paris, Enda/Karthala, 2002.

Kasteloot, Lilyan, *Histoire de la littérature négro-africaine*, Paris, Karthala, 2002.

Kelly, Gail Paradise, "Learning to be Marginal: Schooling in Interwar French West Africa", *French Colonial Education: Essays on Vietnam and West Africa*, New York, AMS Press, 2000.

Le Naour, Jean-Yves, *La honte noire: l'Allemagne et les troupes coloniales françaises, 1914–1945*, Paris, Hachette, 2003.

Li, Ma (dir.), *Les travailleurs chinois en France dans la Première Guerre mondiale*, Paris, CNRS, 2012.

Little, Roger (dir.), *Lucie Cousturier, les tirailleurs sénégalais et la question coloniale*, actes du colloque international tenu à Fréjus les 13 et 14 juin 2008, Paris, L'Harmattan, 2008.

Lunn, Joe, *Memoirs of the Maelstrom: A Senegalese Oral History of the First World War*, Portsmouth/Oxford/Cape Town, Heinemann/James Currey/David Philip, 1999.

Meynier, Gilbert, *L'Algérie révélée: la guerre de 1914-1918 et le premier quart du XXe siècle*, Paris, Droz, 1981.

Meynier, Gilbert, Jacques Thobie et al., *Histoire de la France coloniale*, tome 2, *1914-1990*, Paris, Armand Colin, 1990.

Michel, Marc, "La genèse du recrutement de 1918 en Afrique noire française", *Revue française d'histoire d'outre-mer*, t. 58, no. 213, 1971.

Michel, Marc, "Le recrutement des tirailleurs en A. O. F. pendant la Première Guerre mondiale: essai de bilan statistique", *Revue française d'histoire d'outre-mer*, t. 60, no. 221, 1973.

Michel, Marc, *L'Appel à l'Afrique: contributions et réactions à l'effort de guerre en A. O. F.*, Paris, Publications de la Sorbonne, 1982.

Michel, Marc, *Les Africains et la Grande Guerre: l'appel à l'Afrique 1914-1918*, Paris, Karthala, 2003.

Morrow, John H. Jr., *The Great War: An Imperial History*, London/New York, Routledge, 2004.

Moumouni, Abdou, *L'éducation en Afrique*, Paris, Maspero, 1964.

Murray Levine, Alison, "Film and Colonial Memory: La Croisière noire 1924-2004" in Alleg G. Hargreaves (ed.), *Memory, Empire and Postcolonialism: Legacies of French Colonialism*, Lenham, Lexington Books, 2005.

Musée des Troupes de Marine, *La force noire 1857-1965: tirailleurs africains et malgaches au service de la France*, L'exposition du 150e anniversaire, Fréjus, 2007.

Nicot, Jean (dir.), *Les poilus ont la parole: lettres du front 1917–1918*, Bruxelles, Complexe, 1998.

Offenstadt, Nicolas, *Les fusillés de la Grande Guerre et la mémoire collective: 1914–2009*, Paris, Odile Jacob, 2009.

Offenstadt, Nicolas (dir.), *Le Chemin des Dames: de l'événement à la mémoire*, Paris, Stock, 2004.

Ponty, Janine, *L'immigration dans les textes: France 1789–2002*, Paris, Belin, 2003.

Porte, Rémy, *La conquête des colonies allemandes: naissance et mort d'un rêve impérial*, Saint-Cloud, Soteca 14-18 Éditions, 2006.

Prost, Antoine (éd.), *14–18: mourir pour la patrie*, Paris, Seuil, 1992.

Renault (Direction de la communication), *Le siècle de Renault*, Paris, Gallimard, 1998.
（ルノー広報部『ルノーの世紀』日本語版、出版年記載なし）

Rives, Maurice et Éric Deroo, *Les Lính Tâp: histoire des militaires indochinois au service de la France 1859–1960*, Panazol, Lavauzelle, 1999.

Rives, Maurice et Howard Hunt, *Héros méconnus: 1914–1918, 1939–1945: mémorial des combattants d'Afrique noire et de Madagascar*, Paris, Frères d'armes, 1990.

Rouxel, Marie-Christine, *Renault en Afrique: croisières automobiles et raids aériens 1901–1939*, Boulogne-Billancourt, E. T. A. I., 2003.

Sabatès, Fabien, *La Croisière noire*, Boulogne-Billancourt, E. T. A. I., 1980.

Sabatier, Peggy, "Did Africans Really Learn to be French? The Francophone Elite of the Ecole William Ponty", in G. Wesley Johnson, *Double impact: France and Africa in the Age of Imperialism*, Westport, Greenwood Press, 1985.

Saul, Mahir, *West African Challenge to Empire: Culture and History in the Volta-Bani Anticolonial War*, Athens, Ohio University Press, 2001.

Schweitzer, Sylvie, *André Citroën (1878–1935) : le risque et le défi*, Paris, Fayard, 1992.

Strachan, Hew, *The First World War in Africa*, Oxford, Oxford University Press, 2004.

Thiam, Iba Der, *Le Sénégal dans la Guerre 14–18 ou le prix du combat pour l'égalité*, Dakar, Les Nouvelles éditions africaines du Sénégal, 1992.

Vu-Hill, Kimloan, *Coolies into Rebels: Impact of World War I on French Indochina*, Paris, Les Indes savantes, 2012.

Wolgensinger, Jacques, *L'aventure de la Croisière noire*, Paris, Robert Laffont, 2002.

稲葉奈々子「サンパピエと市民権」三浦信孝（編）『普遍性か差異か——共和主義の臨界、フランス』藤原書店、二〇〇一年。

ウィンター、ジェイ（猪口邦子監修・深田甫監訳）『兵士と市民の戦争』平凡社、一九九〇年。

エルティス、デイヴィッド／リチャードソン、デイヴィッド（増井志津代訳）『環大西洋奴隷貿易歴史地図』東洋書林、二〇一二年。

小川了『ジャーニュとヴァンヴォ——第一次大戦時、西アフリカ植民地兵起用をめぐる二人のフランス人』東京外国語大学アジア・アフリカ言語文化研究所、二〇一四年。

オズーフ、ジャック／オズーフ、モナ（平野千果子訳）「『二人の子どものフランス巡歴』——共和国の小さな赤い本」ピエール・ノラ編（谷川稔監訳）『記憶の場』第二巻、岩波書店、二〇〇三年。

木畑洋一「帝国と帝国主義」木畑洋一・南塚信吾・加納格『帝国と帝国主義』有志舎、二〇一二年。

木畑洋一『支配の代償——英帝国の崩壊と「帝国意識」』東京大学出版会、一九八七年。

小関隆「未完の戦争」山室信一・岡田暁生・小関隆・藤原辰史（編）『第一次世界大戦』第四巻、岩波書店、二〇一四年。

小関隆・平野千果子「総説 ヨーロッパ戦線と世界への波及」山室信一・岡田暁生・小関隆・藤原辰史（編）『第一次世界大戦』第一巻、岩波書店、二〇一四年。

篠原初枝『国際連盟――世界平和への夢と挫折』中公新書、二〇一〇年。

砂野幸稔「黒人文学の誕生――ルネ・マラン『バトゥアラ』の位置」『フランス語フランス文学研究』第六三号、一九九三年一〇月。

砂野幸稔『ポストコロニアル国家と言語――フランス語公用語国セネガルの言語と社会』三元社、二〇〇七年。

田中正人「第三共和政初期の兵制改革と将校の役割――国民の教育者としての将校養成をめぐって」『愛知県立大学外国語学部紀要』（地域・関連編）第二四号、一九九二年。

等松春夫『日本帝国と委任統治――南洋群島をめぐる国際政治一九一四～一九四七』名古屋大学出版会、二〇一一年。

ドウス、ピーター（藤原帰一訳）「植民地なき帝国主義」『思想』第八一四号、一九九二年四月。

内藤陽介『マリ近現代史』彩流社、二〇一三年。

野村真理『隣人が敵国人になる日――第一次世界大戦と東中欧の諸民族』人文書院、二〇一三年。

早瀬晋三『マンダラ国家から国民国家へ――東南アジア史のなかの第一次世界大戦』人文書院、二〇一二年。

平野千果子「フランスにおける第一次世界大戦研究の現在――国民史から植民地へ」『思想』第一〇六一号、二〇一二年九月。

平野千果子『フランス植民地主義と歴史認識』岩波書店、二〇一四年。

福井憲彦『近代ヨーロッパ史――世界を変えた一九世紀』筑摩書房、二〇一〇年。

牧野雅彦『ヴェルサイユ条約——マックス・ウェーバーとドイツの講和』中公新書、二〇〇九年。

正木響「英領ガンビアの対仏割譲交渉とその社会経済史的背景」北川勝彦・井野瀬久美惠（編）『アフリカと帝国——コロニアリズム研究の新思考にむけて』晃洋書房、二〇一一年。

松沼美穂『植民地の〈フランス人〉——第三共和政期の国籍・市民権・参政権』法政大学出版局、二〇一二年。

松沼美穂「人の動員からみたフランス植民地帝国と第一次世界大戦」池田嘉郎（編）『第一次世界大戦と帝国の遺産』山川出版社、二〇一四年。

歴史学研究会（編）『世界史史料』第一〇巻（二〇世紀の世界Ｉ　ふたつの世界大戦）岩波書店、二〇〇六年。

渡辺公三『司法的同一性の誕生——市民社会における個体識別と登録』言叢社、二〇〇三年。

あとがき

歴史研究に携わる前の一九八〇年代、フランスに長期滞在をしたことがある。そのとき出会ったおもにアフリカから来ている留学生などの言動に、奇妙な感をもたされることがしばしばあった。支配の歴史はどこへ行ったのかと思うほど、フランスを賞讃するかのような姿勢が濃厚に感じられたからだ。出身国の独裁政権を疎んじてのことである場合が多かったようで、その意味でも彼らの「賞讃」は、生身のフランス人に対してというよりは、抽象的な「フランス」なるものに対してと言った方が適切だろう。フランスへの批判的な物言いに接しなかったわけではないし、すべてを旧宗主国と旧植民地という枠で捉えるのが適切でないのは言うまでもない。まして彼らは新しい世代である。それにしても、と思う気持ちも強く、こうした体験は私の意識の根底に残るものとなった。

後になって植民地史研究を始めてからも、この奇妙な感は、折に触れてよみがえってきた。植民地の人びとの「親仏的」な姿勢は歴史研究のなかでも様々な局面で描かれており、旧植民地との軋轢に事あるごとに向き合わざるを得ない日本の立場からは、そうした叙述には敏感にならざるを得ない面もあった。そのように研究が蓄積されていることは、当然のことながら、支配の過去をどうとらえるかという問題に直接かかわってもくるだろう。事実、フランスにおける過去に対する向き合い方は、社会全般にせよ学界にせよ、日本におけるそれとは大きく相貌を異にしており、そうした事態に直面する都度、思いをめぐらせるということが続いてきた。

長年感じてきたそうした問題意識をもとに、最近『フランス植民地主義と歴史認識』（岩波書店、二〇一四年）を上梓した。そこでは宗主国への抵抗という図式に収まりきらない植民地の側の姿勢と、宗主国フランスにおける認識に、不充分ながら切り込んでみたつもりである。ただし、二〇世紀の大きな事件であった第一次世界大戦については、直接的に触れることができなかった。したがって本書は、アプローチはやや異なるものの、同じ問題意識に立ちながら、近著に欠落していた時期を補完する位置づけになると考えている。

とくに日本における歴史認識との相違が浮かび上がる一つの事例が、この第一次世界大戦ではないかという思いもあった。本論でも述べた通り、この戦争が大きな時代の転換点であったことは、もちろん否定されるものではない。しかしフランスの植民地史を通観すると、世界の分割が進んだいわゆる帝国主義の時代から、第一次世界大戦を経た後の時代への連続性が濃厚に見える側面があり、この戦争をめぐる状況を考え直す必要は、ことあるごとに感じてきたからである。それは第一次世界大戦までを「長い一九世紀」とする時代区分を前提するかのような語りに、サハラ以南アフリカへの視線がさして見られないことへの違和感でもあった。その意味でも第一次世界大戦は、研究を始めた当初から、私にとってしこりのようなものだった。本書はそうした大きな問いに対する小さな試みにすぎないけれども、少なくともフランス植民地史研究にとってアフリカのもつ重みには、今後とも立ち返ることになるだろう。

重要性を認識しながら、なかなか取り組めなかったこの時代に向き合う機会を与えてくださったのは、京都大学人文科学研究所の「第一次世界大戦に関する総合的研究」班に集った先生方である。そのような貴重な場を与えられながら、なかなかすべきことを進められないままに時間を過ごしてしまった。怠惰な私を排除することなく励ましてくださった先生方、なかでも山室信一先生にまずはお礼申し上げたい。

幸い二〇一四年度には、勤務先の武蔵大学から一年間の研究休暇を得る幸運にも恵まれた。そうでなければ、本書を第一次世界大戦の開戦一〇〇周年にあたる二〇一四年に合わせて刊行することはできなかっただろう。大学を取り巻く情勢が厳しくなるなかで、このような機会を与えてくださった同僚たちにも感謝するしだいである。

最後に、編集を担当くださった井上裕美さんは、心強い伴走者だった。なかなか執筆の進まない私を辛抱強く待ってくださったうえに、折々に生じるもろもろの事態に適切に対処くださった。本シリーズの執筆者がみなそうであるように、私もまた井上さんという編集者を得たことを幸いに思う。井上さん、ありがとうございました。

平野千果子

二〇一四年八月

1917	6. 3	**AOF 総督にジョスト・ヴァン＝ヴォレノヴェン就任**
	8. 14	中国参戦
	11. 5	ロシア十月革命（−7）
		これによりアドルフ・ケグレス、フランスに帰国
	11. 16	**ジョルジュ・クレマンソー内閣成立**
		この年、ジョルジュ・アルディ『ある精神の征服』刊行
1918	1. 8	アメリカ大統領ウィルソンの「十四カ条」演説
	1. 11	**ブレーズ・ディアニュが共和国高等弁務官に就任**
	1. 17	**AOF 総督ヴァン＝ヴォレノヴェン辞任。後任にガブリエル・アングルヴァン（−1919. 7）**
	3. 3	ブレスト・リトフスク条約調印：ソヴィエト・ロシアの戦線離脱
	3. 21	ドイツ軍が西部戦線で大攻勢を開始
	7. 15	第二次マルヌの戦い（−8. 3）：イギリス、フランス、アメリカ軍の反攻開始、ドイツ軍がマルヌ川からの撤退を開始
	10. 29	キール軍港でドイツ水兵の反乱
	11. 11	休戦協定締結
	11. 23	ドイツ領東アフリカで停戦
1919	1. 18	パリ講和会議開始
	6. 28	ヴェルサイユ条約調印
1920		**リュシー・クテュリエ『わが家の見知らぬ人たち』刊行**
1921	2.	シトロエン、ハーフトラックの完成
1922	12. 17	**シトロエン、サハラ砂漠縦断の遠征（−1923. 3. 6）**
1923		**アルベール・サロー『植民地の活用』刊行**
1924	10. 28	**シトロエン、アフリカ大陸縦断の遠征（−1925. 9. 8）**
1926		**バカリ・ディアロ『大いなる慈愛』刊行**

略年表　特に本書にかかわる項目は太字

年	月日	出来事
1902	**3.**	**仏領西アフリカ（AOF）総督にエルネスト・ルーム就任**
1908	**1.**	**AOF 総督にウィリアム・ポンティ就任**
1910		**シャルル・マンジャン『黒い戦力』刊行**
1911	**7.**	**第二次モロッコ事件**
	11.	**モロッコの権益と引き換えに仏領赤道アフリカの一部をドイツに割譲**
1913	**8. 7**	**フランスで兵役三年法可決、旧奴隷植民地に適用**
1914	6. 28	サライェヴォ事件
	7. 28	オーストリアがセルビアに宣戦布告。ドイツ、ロシア参戦
	8. 4	ドイツ軍がベルギーに侵攻。イギリス、フランス参戦
		フランス植民地からも動員、アフリカで戦闘準備
	8. 23	日本、参戦
	8. 26	ドイツ領トーゴ、降伏
	9. 2	フランス政府、ボルドーへ避難
	9. 6	第一次マルヌの戦い（－30）イギリス、フランス軍反攻（－11. 11）、西部戦線膠着へ
		「マルヌのタクシー」ルノー社のタクシー1200台が兵士5000人を戦場に運ぶ
1915	1. 18	日本が「対華二十一カ条要求」を提出
	2.	ダーダネルスの戦い（－1916. 1）
		アフリカ兵はじめ、植民地兵の犠牲多数
	5. 23	イタリア参戦
	6.	**AOF 総督にフランソワ・クロゼール就任**
	11.	**仏領西アフリカで大きな反乱が始まる（－1917春）**
1916	2. 18	ドイツ領カメルーン、降伏
	2. 21	ヴェルダンの戦い（－12. 18）
	7. 1	ソンムの戦い（－11. 18）：9. 15史上初の戦車投入
	9. 29	セネガル四都市出身者にフランス市民権を付与する法（ディアニュ法）の成立
		この年、ソノレとペレス『ムサとジ＝グラ』刊行
1917	3. 8	ロシア二月革命：3. 17皇帝退位。臨時政府は戦争継続
	4. 6	アメリカ参戦
	4. 16	シュマンデダムの戦い（－5. 6）：フランスの攻勢失敗、兵士の反乱

平野千果子（ひらの・ちかこ）
1958年生まれ。現在、武蔵大学人文学部教授。上智大学にて博士（地域研究）。専攻は、フランス植民地史。著書に『フランス植民地主義の歴史――奴隷制廃止から植民地帝国の崩壊まで』（人文書院、2002）、『フランス植民地主義と歴史認識』（岩波書店、2014）、『ヨーロッパ・アメリカ・ロシアのディアスポラ』（共著、明石書店、2009）、『コモンウェルスとは何か――ポスト帝国時代のソフトパワー』（共著、ミネルヴァ書房、2014）、訳書にマルク・ブロック『奇妙な敗北――1940年の証言』（岩波書店、2007）など。

レクチャー　第一次世界大戦を考える
アフリカを活用する――フランス植民地からみた第一次世界大戦

2014年10月20日　初版第１刷印刷
2014年10月28日　初版第１刷発行

著　者　平野千果子
発行者　渡辺博史
発行所　人文書院
〒612-8447　京都市伏見区竹田西内畑町９
電話　075-603-1344　振替　01000-8-1103

装幀者　間村俊一
印刷所　創栄図書印刷株式会社
製本所　坂井製本所

ISBN978-4-409-51121-3　C1320
落丁・乱丁本は小社送料負担にてお取り替えいたします